AF187713

ROHLEDER

David Carradine (sprich: Kärre-dien), geboren am 8. Dezember 1936 in Hollywood, gestorben am 3. Juni 2009 in Bangkok, erlangte durch seine Verkörperung des Kwai Chang Caine in der Fernsehserie *Kung Fu* Weltruhm. Mit der Nachfolgeserie *Kung Fu – Im Zeichen des Drachen* gelang es ihm Mitte der 1990er-Jahre an diesen Erfolg anzuknüpfen. Er hat an insgesamt über 140 Film- und Fernsehproduktionen mitgewirkt und feierte erst jüngst einen neuen großen Erfolg in Quentin Tarantinos zweiteiligem Splatter-Action-Epos *Kill Bill*. Für seine Paraderolle als Shaolin-Priester Caine fing er an, sich der Kampfkunst zu widmen und kam seitdem nie mehr wirklich davon los. Mit *Spirit of Shaolin* legt er ein Handbuch vor, das die Absicht hat, das wahre Wesen des Kung Fu zu beleuchten. Denn die Selbstverteidigung ist nur ein unbedeutender Nebeneffekt des großen Ganzen.

Jano Rohleder, Jahrgang 1985, lebt in Groß-Gerau und studiert Amerikanistik und Deutsch an der Universität Mainz. Seit 2003 arbeitet er als freiberuflicher Übersetzer für den Egmont Ehapa Verlag, wo er u. a. am wöchentlichen *Micky Maus Magazin* und dem monatlich erscheinenden *Donald Duck Sonderheft* mitwirkt. *Spirit of Shaolin* ist seine erste eigenständige Buchübersetzung und Veröffentlichung. Die Idee dazu entstand bei einem Treffen mit David Carradine im Dezember 2004. Bei Erscheinen dieses Buches ist bereits ein weiteres in Planung: David Carradines Autobiografie *Endless Highway*.

www.jano-rohleder.net
www.carradine-buch.de

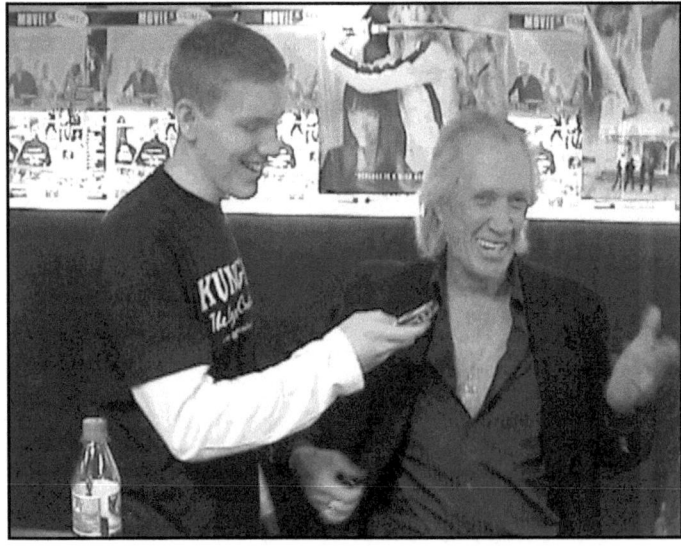

Jano Rohleder im Gespräch mit David Carradine.

DAVID CARRADINE
SPIRIT OF SHAOLIN

Eine Kung-Fu-Philosophie

Herausgegeben und
aus dem Amerikanischen von
Jano Rohleder

Deutsche Erstausgabe

ROHLEDER

Bibliografische Information der Deutschen Nationalbibliothek
Die Deutsche Nationalbibliothek verzeichnet diese Publikation in
der Deutschen Nationalbibliografie;
detaillierte bibliografische Daten sind im Internet
unter https://portal.dnb.de abrufbar.

Die Originalausgabe erschien 1991 unter dem Titel
»Spirit of Shaolin – A Kung Fu Philosophy«
bei Tuttle Publishing, Boston.

Deutsche Erstausgabe
Aus dem Amerikanischen von Jano Rohleder
Überarbeitete und komplett durchgesehene dritte Auflage.

Gesamtwerk:
© 1991, 1993, 2006 by David Carradine
Für die deutsche Ausgabe:
© 2006-2019 by Jano Rohleder

Satz, Umschlagdesign und Gesamtbearbeitung: Jano Rohleder
Coverfoto: Warner Bros. Distributing, Canada
Stance-Zeichnungen: Ken Hay
Herstellung und Verlag: Books on Demand GmbH, Norderstedt
Printed in Germany.

Alle Rechte der deutschen Ausgabe vorbehalten.
All rights reserved. No part of this publication may be reproduced,
stored in a retrieval system or transmitted in any form or by any means,
electronic, mechanical, photocopying, recording, or otherwise,
without prior permission from the author.

ISBN 978-3-7494-9700-3

dedicated to the
immortal spirit of
David Carradine
– J. R.

Ausgehen ist Leben, eingehen ist Tod.
Gesellen des Lebens gibt es drei unter zehn,
Gesellen des Todes gibt es drei unter zehn.
Menschen, die leben
und dabei sich auf den Ort des Todes zubewegen,
gibt es auch drei unter zehn.
Was ist der Grund davon?
Weil sie ihres Lebens Steigerung erzeugen wollen.
Ich habe wohl gehört, wer gut das Leben zu führen weiß,
der wandert über Land
und trifft nicht Nashorn noch Tiger.
Er schreitet durch ein Heer
und meidet nicht Panzer und Waffen.
Das Nashorn findet nichts, worein es sein Horn bohren kann.
Der Tiger findet nichts,
darein er seine Krallen schlagen kann.
Die Waffe findet nichts, das ihre Schärfe aufnehmen kann.
Warum das?
Weil er keine sterbliche Stelle hat.
– Laozi

Inspiriert und angeregt von
Shifu Kam Yuen,
ohne den es nicht
hätte geschrieben werden können

für Jeff
und alle »Rock Benders«

*Dieses Buch wäre nicht möglich gewesen
ohne die Hilfe, Energie und Inspiration
von mehr Menschen, als ich nennen kann,
manche davon schon Tausende von Jahren tot.*

Ich bin euch allen dankbar.

*Ich bin besonders der Welt dafür dankbar,
dass sie dieses Buch benötigt und gewollt hat.
Das ist euer Geschenk an mich.*
– D. C.

Ich suche nicht danach, die Antworten zu wissen,
sondern die Fragen zu verstehen.
– Caine

Zu wissen ist nicht das, was uns wichtig ist.
Sogar lernen ist nicht so wichtig.
Was wichtig ist, ist zu studieren.
– Der Weise

Vom Unwirklichen führe mich ins Wirkliche;
Vom Dunkeln führe mich ins Licht!
Vom Tode führe mich zur Unsterblichkeit!
– Brihad-Aranyaka-Upanishad

INHALT

BUCH DREI: DIE LEKTIONEN

ANHANG

VORWORT
DES HERAUSGEBERS

Wenn Sie dieses Buch in Händen halten, sind seit der Idee zur deutschen Veröffentlichung des vor über fünfzehn Jahren in den USA erschienenen *Spirit of Shaolin* knapp zwei Jahre vergangen. Sie entstand spontan nach einem Treffen mit David Carradine bei einer Signierstunde in Hamburg im Dezember 2004.

Auf einen solchen – zugegebenermaßen doch etwas verrückten – Plan kann man wohl nur kommen, wenn man einige persönliche Voraussetzungen erfüllt. Erstens muss man wirklich Fan des Autors sein. Ansonsten käme es sicherlich niemandem mit halbwegs gesundem Menschenverstand in den Sinn, ein nicht ganz dünnes Buch freiwillig auf eigene Kosten zu übersetzen und zu publizieren. Dann sollte man sehr viel Zeit haben, sehr viel Lust und am besten keine genaue Planung, wann das fertige Buch erscheinen soll. Sonst kommt es doch nur zu nervigen Verschiebungen, über die man sich selbst am meisten ärgert. Ja, ich spreche da aus Erfahrung. Dass einem die Sache auch noch halbwegs Spaß machen muss, versteht sich von selbst.

Noch eine kurze Anmerkung: Es handelt sich bei diesem Band um eine originalgetreue Übersetzung der amerikanischen Ausgabe und somit um das, was der Titel schon besagt – ein Handbuch über die Philosophie des Kung Fu. Da ich selbst Fan von DC bin, war die hinter der Übersetzung steckende Absicht aber vor allem, es den deutschen Fans zu ermöglichen, dieses Buch zu lesen.

Außerdem sei nochmals darauf hingewiesen, dass der Ursprungstext im Jahr 1989 entstanden ist. Die biografischen Informationen zu David Carradine sind also nicht auf dem neuesten Stand, ganz im Gegenteil. Dort, wo mir Informationen vorlagen und es mir nötig erschien, habe ich die jeweiligen weiteren Ereignisse in DCs Leben und Karriere als kurze Fußnote hinzugefügt. Am eigentlichen Text wurden jedoch natürlich keine bedeutenden Änderungen vorgenommen. Die Rechtschreibung versucht der amtlichen Neuregelung mit Stand Herbst 2006 zu folgen. In extremen Zweifelsfällen, bei denen sich kein

Referenzbeispiel finden ließ, habe ich so geschrieben, wie es mir logisch erschien.

Sollte Ihnen der Text stellenweise etwas konfus erscheinen, ist das auf das amerikanische Original zurückzuführen. David Carradine schreibt manchmal ein wenig wirr und bringt oft Quergedanken mit ein. Derartige Kuriositäten des Stils habe ich – zur Wahrung der Authentizität – in die deutsche Fassung übernommen.

Ich wünsche nun allen Lesern bei der Lektüre dieses Bandes so viel Freude, wie ich sie bei der Erstellung der Übersetzung hatte. Schicken Sie mir doch, wenn Sie dieses Buch gelesen haben, eine kurze (oder auch lange) eMail an *jano.rohleder@gmx.de* – ich bin auf Ihre Kommentare und Meinungen gespannt. Fragen beantworte ich natürlich ebenfalls gerne.

Zum Schluss möchte ich noch all denen besonderen Dank aussprechen, die mich bei meinen Übersetzungen generell und bei der Arbeit an diesem Buch unterstützt oder inspiriert haben, in welcher Form auch immer, sei es bewusst oder unbewusst. Das sind: meine Eltern, meine Redakteure bei Egmont, einer der besten deutschen Autoren: Walter Moers, *MacGyver*, die meisten meiner früheren Englisch-Lehrer von der Luise-Büchner- und der Prälat-Diehl-Schule in Groß-Gerau (Herr Lemke-Koch, Herr Dertwinkel, Frau Armstrong-Arndt und Frau Ait-Ahmed).

Danke! – Jano

Jano Rohleder
Groß-Gerau, Oktober 2006

Anmerkung zur Neuauflage (Oktober 2019):
Die vorliegende Ausgabe vom Oktober 2019 ist komplett durchgesehen und korrigiert worden, die Qualität der Abbildungen wurde deutlich verbessert und die Schreibweise von Fachbegriffen auf den neuesten Stand gebracht. Allen Suchenden wünsche ich weiterhin viel Spaß und Freude mit diesem Buch! – J. R.

SPIRIT OF SHAOLIN

DIE AUFGABE

*Das Schöpferische bringt
unvergleichlichen Erfolg,
durch Ausdauer fördernd.*
– Yijing

Vor einigen Jahren hatte ich eine Nachricht auf meinem Anrufbeantworter, die von Shifu Kam Yuen stammte, meinem spirituellen Lehrer und Meister der letzten 18 Jahre. Ich rief ihn zurück und er sagte: »David, ich möchte, dass du ein Buch über das wahre Wesen des Kung Fu schreibst. Durch die vielen Filme, die das Kämpfen verherrlichen, hat jeder ein völlig falsches Bild von Kung Fu. Die Leute verbinden es mit Gewalt und Aggressivität. Sie haben die geistigen und philosophischen Aspekte völlig aus den Augen verloren. Ich weiß jedoch, dass du nie dazu kommen wirst, deshalb werde ich das Buch schreiben und deinen Namen daraufsetzen. Dieses Buch wird dringend benötigt.«

Ab und an stellt mir der Meister eine Aufgabe und ich muss sie erfüllen oder darunter leiden, dass ich es nicht getan habe. Trotzdem habe auch ich dem Meister hin und wieder etwas beigebracht. Wir sind Seite an Seite gewachsen.

Also sagte ich ihm: »Shifu, ich habe dir immer bei allem zugestimmt, was du gesagt oder geschrieben hast, aber wenn es meine Aufgabe ist, dann *muss* ich es auch tun. Wirst du mir dabei helfen?«

Nach einigem Nachdenken stimmte Shifu Kam Yuen zu. »In Ordnung, David. Aber lass dir nicht zu lange Zeit. Die Welt braucht dieses Buch.«

Es stellte sich heraus, dass diese Aufgabe eine umfangreichere war, als wir beide erwartet hatten. Fünf Jahre vergingen nach besagtem Tag, bis ich das Buch endlich fertiggestellt hatte. Manchmal war Shifu schon so verzweifelt, dass er fast die Hoffnung in mich aufgegeben hätte. »Geduld, Meister«, sagte ich. »Wir haben die Ewigkeit.«

»Du vielleicht«, antwortete er. »Aber ich nicht.«

Es hat in unser beider Leben und in unserer Kunst viele Einflüsse gegeben; zu viele, um über sie alle in diesem kleinen Vorwort zu sprechen. Lassen Sie mich nur so viel sagen: Wenn ich ein Buch über das wahre Wesen von *irgendetwas* schreiben soll, muss ich zuerst sagen, dass alles *eins* ist und dass alle Wege *der Weg* sind.

Ich kann meine Aussagen nicht auf diejenigen beschränken, die sich direkt auf die Kampfkunst des Kung Fu beziehen, denn das Wesen von *irgendetwas* ist das Wesen von allem. Ich werde meine gesamten Erfahrungen, die ich auf dieser Erde gesammelt habe, hinzuziehen müssen, um mich dem wahren Wesen des Kung Fu, so wie ich es verstehe, auch nur annähern zu können. Und so wie ich es verstehe, ist *alles* von Bedeutung.

Ich werde versuchen, alles, was ich weiß, hier zu erzählen, doch das Thema, mit dem mich mein Meister beauftragt hat, ist Kung Fu. Deshalb wird es nur wenige Passagen über Jesus Christus geben. Oder über meine gefeierte Familie. Oder Thomas Jefferson. Oder Ludwig van Beethoven. Oder Rock 'n' Roll. – Nicht etwa, weil ich etwas gegen diese Dinge hätte. Sie sind alle wichtig für mich. Aber dieses Buch handelt von Kung Fu.

Es gibt viele andere Menschen, die geeigneter dafür wären, dieses Buch zu schreiben, aber die Aufgabe ist mir zugefallen. Ich bin kein Meister des Kung Fu. Auch kein Jünger und noch nicht mal ein richtiger Schüler, wenn es nach dem Maßstab einiger Leute geht. Und doch habe ich den Weg des Kriegers mein Leben lang studiert. In gewisser Weise habe ich meine gesamte Existenz damit verbracht, mich darauf vorzubereiten, ein Botschafter der Kunst in ihrer wahren Form zu sein.

Nun, hier ist sie. Ob gut oder schlecht, es ist das Beste, was mir möglich ist. Mehr können wir nicht tun.

Ja, Meister. So sei es.

CREDO

Niemand hat behauptet, es würde einfach werden, Baby!
– Die Faust der Rebellen

Geduld, Stärke, innere Kraft.
– Shifu Kam Yuen

Die Absicht dieses Handbuchs ist es, das Wissen zu vermitteln, das aus Shifu Kam Yuens fünfunddreißig Jahren des Studierens und Lehrens von Kung Fu gewonnen wurde; ferner aus meiner achtzehnjährigen Verbindung mit seinen Lehrmethoden – und aus meinem Training und Studium für die Rolle des Kwai Chang Caine und darauffolgende. Ich schreibe es, um den Bedarf zu erfüllen, die wahren Lehren und die wahre Philosophie hinter der Kunst des Kung Fu sowie seine Bedeutung für die moderne Welt zu verbreiten. Vieles in dieser Darstellung ist lediglich eine erneute Bestätigung der Prinzipien, die allen echten Martial Artists bereits bekannt sind.

In einer Zeit, in der die Kampfsportarten (oder vielmehr Kampfkünste) wegen ihrer Gewalt stark kritisiert werden, ist es eine zwingende Notwendigkeit, die andere Seite ihrer Entwicklung – nämlich die positiven Aspekte der Künste – aufzuzeigen und einen Plan anzubieten, der den Suchenden zu diesen Wahrheiten führt.

Das wirkliche Wesen des Kung Fu ist nicht Selbstverteidigung, sondern Philosophie. Ich werde versuchen, in diesem Buch das wahre und wirkliche Wesen zu vermitteln, also wird es hauptsächlich um Philosophie gehen. Falls Sie ein Anleitungsbuch mit Illustrationen suchen, die zeigen, wie man mit Räubern und Einbrechern fertig wird, liegen Sie mit diesem hier falsch. Sind Sie jedoch wahrhaft auf der Suche nach Sinn und Bedeutung, auf dem Weg zu Aufklärung und Erleuchtung, dann ist dieses Buch für Sie.

Das Lernen der Kampfkünste verfeinert die menschliche Bewegung, erhöht Geschicklichkeit, Koordination, Entspannung, setzt den Körper klüger ein und vermeidet Verletzungen, schafft eine lebenslange Freiheit der Körperbewegung, stellt den natürlichen Rhythmus wieder her, der durch die modernen Lebensweisen unterdrückt und gehemmt wird. Kung Fu bietet klare Techniken, die jedem dabei helfen können, sein oder ihr Potenzial auszuschöpfen, ein vollkommener Mensch zu werden.

Die Selbstsicherheit, die das Wissen über den Einklang von Körper und Raum dem Schüler geben kann, wird die Furcht für immer vertreiben. Dies ist die wahre Natur der Selbstverteidigung. Sie ist ein kleines Nebenprodukt des wirklichen Studiums von Kung Fu. Kung Fu ist eine vollständige Lebensart, von der Personenkampf der am wenigsten bedeutende Teil ist.

Der geistige Teil des Lehrens wird weit über die körperlichen Aspekte des Kung Fu hinausgehen, alle Vorzüge vergrößern und noch viele mehr bieten: den Einklang mit und das Verständnis von der wahren Natur des Kosmos, in dem wir leben; den Triumph über die meisten menschlichen Probleme – Krankheit, Leid und sogar Tod. Dem möglichen Gewinn für den Schüler sind keine Grenzen gesetzt. Was man hineinsteckt ist das, was man herausbekommt.

Glück hängt von geistiger Gesundheit und innerem Frieden mehr ab als von jeglichen äußeren Faktoren. Das Studium von Kung Fu steigert inneren Frieden, geistige Gesundheit, Stärke, innere Kraft, Geduld.

Kung Fu ist kein Allheilmittel und der Unterricht kann dabei versagen, diese Qualitäten zu vermitteln. Doch vorausgesetzt, dass die Last auf dem Schüler liegt, kann Kung Fu Glück, ein langes Leben ohne Drogen oder andere Plagen, Erfolg, Selbstbewusstsein und Selbstvertrauen bringen; den Geist befreien, um mit äußeren Zwängen besser fertig zu werden; Verständnis lehren und Verwirrung und Frustration beseitigen. Erfolg in allem, was man anstrebt, ist das Ergebnis.

Wahre Meisterschaft des Shaolin-Kung-Fu kann nicht allein durch das Üben und Lernen von Bewegungen und Tänzen erlangt werden. Auch kann der Shifu (der Meister) nicht die vollständige Informationsquelle sein. Dies reicht für den Anfang oder das flüchtige Lernen, ist aber für den ernsthaften Schüler unzureichend. Der Schüler ist auf sich selbst und andere Quellen angewiesen, um sein Wissen zu vervollständigen. Philosophie, Religion, Medizin, Kunst, Musik, Literatur und Wissenschaft (speziell Physik) muss nachgegangen werden, bis der Suchende ein einigermaßen vollkommenes Verständnis dieser

Dinge erlangt hat. Der Schüler muss seinen eigenen Weg gehen. Scheint dies alles zu viel des zu Erreichenden zu sein, sollte man vielleicht seine Ziele noch einmal überdenken und herausfinden, ob man den Willen hat, der dazu nötig ist, das Streben fortzusetzen.

BUCH EINS
DIE GESCHICHTEN

David Carradine als Kwai Chang Caine in Kung Fu.
© *1972 Warner Bros. Inc.*
Alle Rechte vorbehalten.

1. DER WEG DES DRACHEN

Wie kommt es, dass Ihr diese Dinge hört?
– Grünschnabel
Wie kommt es, dass du sie nicht hörst?
– Meister Po

Im Herbst des Jahres 1971 ist mir etwas ganz Besonderes passiert. Wie außergewöhnlich es sein sollte, wusste ich zu dieser Zeit noch nicht. Niemand tat das.

Ich war gerade aus Arkansas zurückgekommen, wo ich einen Film namens *Boxcar Bertha*[1] gedreht hatte. Die Hauptdarstellerin war Barbara Hershey, Regie führte Martin Scorsese. Es war meine erste große Hauptrolle in einem Kinofilm. Saul Krugman, mein Manager und alter Freund, rief mich an und meinte: »Ich schicke dir ein Drehbuch für einen TV-Film rüber. Allerdings hängt eine Serie mit dran.«

Ich sagte ihm: »Saul, du weißt, dass ich nicht noch eine Serie machen will.« Er antwortete: »Ja, das weiß ich, aber du solltest lieber zuerst dieses Drehbuch lesen.«

Zum besseren Verständnis: Meine Faszination für nicht-westliche Philosophie und exotische Sportarten fing an, als ich etwa fünf Jahre alt war und herausfand, dass mein großer Bruder Bruce – der stärkste Junge, den ich kannte, und der von mir sehr bewundert wurde – zum Teil amerikanischer Ureinwohner war. (Damals nannten wir das »Indianer«.) Ab diesem Zeitpunkt fiel mir alles auf, was indianisch war und ich studierte es und war hoffnungslos süchtig danach.

Kurz bevor ich mein Teenageralter erreichte, war ich wieder von etwas fasziniert – dem Tanzen. So wie ich es in den Filmen sah. Judy Garland, Ray Bolger, Vera-Ellen, Dan Dailey. In der Schule schauten wir jeden Donnerstagabend einen Film. Es war immer entweder ein Western oder ein Musical. Die Western fesselten mich, aber die Tänzer *waren* ich.

Damals, auf den Bürgersteigen von New York, tanzte ich mir meinen Weg durch Straßenkämpfe und Bandenkriege. Ich nutzte mein Mittagessensgeld, um die Schule ein wenig zu verkürzen und

---

[1] dt.: *Die Faust der Rebellen* (Anm. des Übersetzers.)

stattdessen ins Kino zu gehen. Ich blieb den ganzen Tag dort. Im Dunkeln, am Broadway, im *Paramount* oder dem *Roxi* oder dem *Rivoli*, sah ich jeden Film mit Fred Astaire und Gene Kelly, den es gab. Dann tanzte ich nach Mitternacht nach Hause, an den Straßenräubern und anderen Gestalten im Central Park vorbeispringend, dem Verkehr auf dem Columbus Circle schnell ausweichend. Meine Steppschuhe machten mich unverwundbar.

Ich bat meinen Vater um Tanzstunden. Doch er erklärte mir: »Keiner meiner Söhne wird seinen Lebensunterhalt mit seinen Füßen verdienen!« Ich fand Geld und nahm heimlich Stunden. Sie hätten mich fast verdorben. Kein großer Stepptänzer hat je von einem Lehrer gelernt. Bill Robinson? James Cagney? Ruby Keeler? Sie haben sich alles selbst ausgedacht. Das Beste, was die Lehrer können, ist zu versuchen dir beizubringen das nachzumachen, was sie selbst nicht verstehen. Ich überlebte die Tanzstunden. Selbst in der Army tanzte ich. In Fort Benning, Georgia; Fort Bragg, North Carolina und Fort Eustis, Virginia war ich ein Star. Ich war damals fünfundzwanzig und tanzte zusammen mit einer »Unterhaltungsdivision«, die ich gegründet hatte. Als ich 1962 entlassen wurde, war ich ein schlanker, zäher Killer-Stepptänzer.

Ich trampte nach Manhattan, wo ein Haufen Wehrdienstverweigerer (die die letzten zwei Jahre versucht hatten, am Broadway vorwärts zu kommen) als Konkurrenz auf mich wartete. Sie sahen meinen Armeehaarschnitt und meine Steppschuhe und lachten. Aber das war mir egal. Ich wusste, wer ich war. Ich hatte meinen letzten Geburtstag damit verbracht, auf dem Bauch im Schlamm eines Übungsgeländes herumzurutschen – mit echten Maschinengewehren, die Leuchtspurgeschosse über meinem Kopf abfeuerten. Mir wurde klar, dass der Broadway einfach nur ein weiterer Hindernislauf war. Ich war Amerikas Kampfmaschine. Diese Typen wussten doch nur, wie man faul auf dem Sofa lag oder sich in der Arbeitslosenschlange bei Jobagenturen anstellte. Und dann war da noch meine indianische Liebe – ich hatte den Donnervogel auf meinem Rücken und er war eins mit mir; ich konnte mich in den Kojoten verwandeln, wenn es sein musste; ich hatte die Klapperschlange um meinen Arm gewunden; ich konnte mit den Augen des Adlers sehen. Der Broadway? Ein Kinderspiel.

Kurz vor meinem siebenundzwanzigsten Geburtstag trat ich dann am Broadway auf. Es war ein Stück über die Eroberung von Peru – *The Royal Hunt of the Sun*, in dem ich die Rolle des Atahualpa Capac, dem Häuptling der Inkas, spielte. Sie war mein erster großer Erfolg. In ihr konnte ich alles anwenden, was ich wusste; und das tat ich auch. Ich hatte mich mit Philosophie und Geschichte befasst, Fähigkeiten als Schauspieler und Musiker erworben sowie Kenntnisse in verschiedenen physischen und mystischen Disziplinen erlangt.

Glücklicherweise saß Jerry Thorpe im Publikum – der Mann, der sechs Jahre später der Produzent und Regisseur des Pilotfilms von *Kung Fu* werden sollte. Als die Story auf seinem Schreibtisch lag, dachte er an mich.

Einige Jahre lang versuchte ich meiner Faszination für die Dritte Welt zu entfliehen, indem ich solche Rollen ablehnte. Ich weiß gar nicht, ob wir diesen Begriff damals schon hatten: »Dritte Welt« – vermutlich nicht. Doch dann, an einem schicksalhaften Tag, ich war gerade draußen in den Wäldern von Arkansas, entschied ich mich um. Wenn es eine fortschrittliche Funktion innerhalb der Gesellschaft gäbe, die ich dadurch erfüllen könnte, dass ich diese Rollen annahm, und anscheinend gab es keinen anderen dafür, und anscheinend wollte jeder, dass ich ja sagte; tja, wer wäre ich dann gewesen, nein zu sagen?

Als das Drehbuch *Kung Fu – Im Zeichen von Drachen und Tiger* bei mir ankam, wusste ich, dass es *das* Drehbuch war. Nicht wegen der Martial Arts – darüber wusste keiner von uns auch nur ein bisschen. Sie waren lediglich der Aufhänger des Films. Genauso gut hätte es Basketball oder Skifahren sein können. Es war »*das* Drehbuch«, weil es eine tolle Geschichte war. Es ging darin um wichtige Dinge und es konnte einen bedeutenden Film ergeben. Und es hatte dieses »Dritte-Welt-Etwas«, nach dem ich gerade suchte. Die Figur des Caine war ganz offensichtlich perfekt für mich.

Zu dieser Zeit hatte ich die Worte »Kung Fu« erst zweimal gehört und ich wusste über östliche Kampfkunst nichts außer dem, was ich in den Filmen gesehen und worüber ich ab und zu etwas gelesen hatte. Ich war jedoch ein Athlet, einigermaßen auf dem Gebiet der Leichtathletik, der Akrobatik und des Turnens erfahren und ich hatte

viele Disziplinen der westlichen Kampfkunst kennengelernt: Straßenkampf, Pistolen, Schwerter, Messer, Bogenschießen und Langstock.
Und ich hatte etwas Training im Tanzen.

Es ist gut möglich, dass keiner auf diesem Planeten auf so viele
verschiedene Weisen wie ich darauf vorbereitet war, die Rolle des
Caine zu spielen. Alles, was ich bis zu diesem Zeitpunkt getan hatte,
führte mich in gewisser Weise dazu hin.

2. AUSERWÄHLT

*Schwierigkeit am Anfang
bringt unvergleichlichen Erfolg.*
– Yijing

Ohne es zu wissen, hatte ich jahrelang dafür gearbeitet, diesen Job zu bekommen. Aber als es dann so weit war, musste ich zweimal vorsprechen, um die Rolle zu ergattern.

Das erste Treffen war mit Jerry Thorpe, Produzent und Regisseur (er machte *Die Unbestechlichen*); Alex Beaton, Aufnahmeleiter und dafür vorgesehen, der Produzent zu werden; Herman Miller, der Autor und spätere Story-Editor (der das originale Drehbuch von Ed Spielman, das sechs Jahre zuvor geschrieben worden und wegen mangelnden Interesses in der Ablage von Fred Weintraubs Büro verschwunden war, fürs Fernsehen überarbeitete) und David Chow, der chinesische Berater für Geschichtliches und Kampfkunst – ein ehemaliger Judo-Champion und der Mann, der hauptverantwortlich dafür war, dass in kalifornischen Colleges Judo-Kurse eingeführt wurden. David war außerdem Schauspieler und Promoter – er sollte für die Theatralik sorgen, die nötig war, um ein übersättigtes und uninformiertes Publikum für die Künste zu interessieren.

Jerrys Büro befand sich in dem alten Jack-Warner-Bungalow, der, denke ich, ein Anzeichen dafür war, welchen Status er zu dieser Zeit bei Warner Bros. genoss. Ich kam zu dem Treffen mit rasiertem Kopf. Das war vollkommen unbeabsichtigt. Ich hatte mir die Haare aus einem Grund abrasiert, der mit dem Treffen in keinerlei Zusammenhang stand; obwohl ich mich heute natürlich darüber wundere. Für *Die Faust der Rebellen* musste ich mir mehrere Stellen auf meinem Kopf rasieren, auf die Narben kommen sollten, und danach noch andere, damit ich alt aussah. Am Ende sah ich total bescheuert aus und entschied mich deshalb dafür, alles abzurasieren. Ich kam in der Eingangshalle an David Chow vorbei und er schaute mich an, als würde er einen Geist sehen. Jahre später erzählte er mir, dass er sofort wusste, dass ich der Richtige war.

Mir wurde gesagt, ich solle mich rechts ins Büro setzen und warten. Anscheinend war ich früh (was ungewöhnlich für mich ist). Ich fragte jemanden, wo die Herrentoilette sei, und wurde zu einem schwarz gekachelten Raum – etwa in der Größe eines Tennisplatzes – mit Whirlpool, Sauna und all solchem Schnickschnack geschickt. Auf dem Weg zurück kam ich an einer Art Sitzungssaal voller beschäftigter Mitarbeiter vorbei, der mit riesigen Kristallkronleuchtern ausgestattet war. Sie stammten, wie mir später gesagt wurde, noch aus der Zeit, als Jack Warner den Raum als offiziellen Speisesaal benutzte.

Ich durchquerte den Lärm bis hin zurück zu Jerry Thorpes Heiligstem und setzte mich in einen braunen Sessel in diesem vollkommen braunen Büro. Ein paar Minuten unterhielt ich mich mit Alex Beaton über irgendetwas Unbedeutendes. Dann fuhr ein brauner Lincoln Continental vor und herein kam Jerry Thorpe. Der Raum wurde plötzlich etwas dunkler. Dort stand dieser riesige Mann, komplett in braun gekleidet, mit einem Vandyke-Bart, offensichtlich leicht außer Atem (nun, wie ich sagte, ich war früh – vermutlich musste er von irgendwoher rüberhetzen). Seine durchdringenden braunen Augen brannten sich durch mich hindurch. Als ich ihn das erste Mal sah, war ich mir sicher, dass er der Teufel höchstpersönlich war. Tut mir leid, aber das war eben das, was ich dachte. Ich wurde diesen ersten Eindruck von Jerry nie wirklich los. Mein Verlust.

Jerry Thorpe sah aus wie der mächtigste und wichtigste Mann, den man hoffen konnte zu treffen. Dies stellte sich später als die absolute Wahrheit heraus. Er war ein strenger Meister. Dazu entschlossen und daran gewöhnt, seinen Willen zu bekommen, erwartete er von jedem das Maximum, und wir gaben es oder hatten unter den Konsequenzen zu leiden. Jerry war der Fels, auf dem die Serie gebaut war, und der Mann, der es mir durch seinen persönlichen Mut und Einsatz möglich machte, Berühmtheit zu erlangen. Bis heute würde ich sofort an seine Seite eilen, wenn er mich riefe.

Das erste Treffen war sehr seltsam: Ich mit meinem rasierten Kopf – ich glaube, ich hatte sogar meinen Hund dabei – machte auf Jerry vermutlich den gleichen Eindruck, den er auf mich machte. Jetzt, wo ich darüber nachdenke, fällt mir ein, dass ich wahrscheinlich barfuß war. Ich hatte mich bereits tief in die Rolle des Caine hineinversetzt.

Jerry übernahm den Großteil des Redens. Er sagte mir, wie sehr ich ihm in *The Royal Hunt of the Sun* am Broadway gefallen hätte, aber über das *Kung-Fu*-Drehbuch sprachen wir nur ein wenig. Sie fragten mich, wie ich die Sache mit den Kampfszenen der Show erledigen wolle. Ich sagte: »Wofür gibt's denn Stuntmen? Und außerdem … ich glaube, ich kriege das schon hin.« Zum Beweis sprang ich in die Luft und berührte den Türpfosten in etwa zwei Metern Höhe mit beiden Füßen. Eigentlich bloß eine akrobatische Tanzbewegung – ein Überbleibsel der Verehrung von Gene Kelly und Fred Astaire aus meiner Kindheit –, aber dadurch überzeugte ich sie von meiner Fähigkeit.

Die Abdrücke meiner nackten Füße sollten für Jahre an dem Türpfosten bleiben. Währenddessen ging ich, ohne zu wissen, ob ich die Rolle bekommen hatte.

Am nächsten Tag erhielt ich einen Anruf von meinem Manager Saul. Er sagte: »Was um alles in der Welt hast du in diesem Büro angestellt?« Darauf ich: »Wovon sprichst du? Das, was ich immer tue. Ich habe nur ein wenig so gesprochen und gespielt, wie es meine Rolle vorgibt. Genau wie sonst.« Und Saul: »Tja, offensichtlich hast du dich etwas *zu sehr* in deine Rolle hineinversetzt. Sie wollen wissen, ob du ›verrückt‹ bist oder nicht.« Mir platzte der Kragen. Ich sagte ihm: »Hör zu, wenn sie mich nicht mögen, scheiß drauf. Sag ihnen, sie sollen ihr Drehbuch nehmen und wegschmeißen.« Saul erwiderte: »Sie *mögen* dich. Sie wollen dich für die Serie. Es geht ihnen bloß darum, ob du zuverlässig bist. Ach, ich weiß auch nicht. Pass auf, die möchten noch mal mit dir sprechen. Ich geh mit dir hin.«

Beim zweiten Treffen waren nur Jerry Thorpe, ich und Saul anwesend. Jerry und Saul übernahmen alles Reden. Zuerst lief es nicht sehr gut. Ich sagte gar nichts. Ich war ein wenig beleidigt, dass man mir nicht gleich beim ersten Mal zugesagt hatte, und ich war wirklich sauer wegen dieses Zuverlässigkeit- oder »Verrücktsein«-Krams, was immer es auch gewesen sein mag. Ich hielt mich selbst für tadellos.

Jerry betonte immer wieder, dass dies eine Serie werde und der Schauspieler bereit sein müsse, jeden Morgen um sechs Uhr aufzustehen und vierzehn Stunden hart zu arbeiten. Jeden Tag, fünf Tage die Woche, fünf Jahre lang. Dann gab es die Frage nach Kooperationsbereitschaft oder, wie ich annahm, vermutlich eher Gehorsam (ich hatte einen gewissen Ruf, gerne mal anzuecken). Nach einer langen frustrierenden Zeit sah mich Jerry fragend an, in der Hoffnung, von mir irgendein Versprechen oder so was in der Art zu bekommen … oder vielleicht der, dass ich vor ihm zu Kreuze kröche. Ich starrte ihn mit undurchdringlicher Miene an und brummte: »Ich werde Ihnen *gar nichts* sagen!« Wie gesagt, ich war wirklich sauer.

Jerry sah mich einen Moment lang schockiert an, dann wandte er sich an Saul und meinte: »Ich habe meine Meinung geändert. Er bekommt den Job!« Das war's. Ich schätze, er wollte nicht wirklich jemanden, der vor ihm zu Kreuze kroch.

Meine beiden Hauptkonkurrenten für die Rolle waren Bruce Lee und William Smith. Falls es sonst noch jemanden gab, hab ich jedenfalls nie davon gehört. Bill Smith schien die Rolle wirklich zu wollen. Er drehte sogar eigens für sein Vorsprechen einen fünf- oder zehnminütigen Film, bei dem Jack Starrett Regie führte. Ich habe das Material gesehen und es ist wirklich großartig. Wunderschön gefilmt, exotisch, graziös und sehr grausam. Bill sieht toll aus. Er ist enorm gewaltig, mit einem schwarzen Schnurrbart im Fu-Manchu-Stil, nackt bis zur Taille und wogenden, glänzenden Muskeln. Wild. Furchterregend. Komplett anders als das, was wir machten. Er wäre perfekt für *Conan, der Barbar* gewesen.

Später spielte Bill eine wichtige Rolle in einer der Folgen, »Caine und der geraubte Kelch«. Unser Kampf, bei dem Bill eine massive Eisenkette schwingt, wurde einer der unvergesslichsten Stunts der Serie. Der andere, den die Fans immer erwähnen, ist der Gang durch die Klapperschlangengrube. Als sie fragten, wie wir das gemacht hätten, sagte ich: »Sie haben mich eben nicht gebissen.« Eigentlich erledigte Greg Walker den Stunt (sie haben *ihn* eben nicht gebissen).

Es gibt zwei verschiedene Geschichten darüber, warum Bruce Lee die Rolle nicht bekam. Erstens die, dass er abgelehnt wurde, weil er zu klein und zu chinesisch war; eine andere Art zu sagen, dass er – ironischerweise – das Opfer desselben Vorurteils wurde, das wir als unser Thema im Film aufgriffen. Zweitens die, dass ihm seine Leute aus einem mir unerfindlichen Grund geraten haben, die Rolle abzulehnen.

Mir wurde von jemandem in der Produktionsfirma gesagt, dass man nicht sicher war, ob er gut genug spielen konnte, um mit der Komplexität des Charakters fertig zu werden. Vielleicht kroch er vor Jerry zu Kreuze. Ich weiß es nicht. Was immer auch der Grund war, es veranlasste ihn, Hollywood zu verlassen, heim nach Hongkong zu gehen und dort seine Bestimmung anzunehmen.

Bruce Lee wird von vielen für den Inbegriff eines Martial Artist gehalten. Tatsache ist aber, dass er zuallererst und hauptsächlich Schauspieler war. Sein Vater war ein Star der chinesischen Oper. Bruce wurde in San Francisco geboren, während sein Vater dort auf Tour war. Er arbeitete als Kinderdarsteller in Hongkong, bevor er sich seinen Kung-Fu-Studien widmete. Schauspiel und Kung Fu. Beide Disziplinen entwickelten sich Seite an Seite während seines Lebens in ihm weiter. Während Bruce über enorm viel Energie, Konzentration und Charisma verfügte, war das Bemerkenswerteste an ihm doch sein Stil, der sein ganz eigener war. Bruce studierte das Wing-Chun-System, einen sehr steifen Stil. Das brachte ihn dazu, sein eigenes System, Jeet Kune Do, zu entwickeln, um den Einschränkungen des Stils zu entkommen, der ihm beigebracht worden war. Er hätte dieses Ziel auch einfach durch das Studium der fließenden nördlichen Shaolin-Stile erreichen können; aber dann hätten wir heute kein Jeet Kune Do.

Bruce war bei den Martial Artists dieser Welt hoch angesehen und er lebte für die Kunst. Aber er war kein Übermensch. Er war so wie wir. Er hatte seine Schwächen und Schwachstellen, genau wie alle von uns Sterblichen. Er verließ sich sehr auf seine rechte Seite. Seine linke war nie so stark und weder so schnell noch so genau. Inzwischen weiß man, dass viele seiner Bewegungen von Stuntdoubles übernommen wurden. Doch das alles mindert in keiner Weise den Ruhm, den er erreichte.

Als er plötzlich und unerwartet am 20. Juli 1973 starb, war er die weltweite Nummer eins an den Kinokassen und der bis dahin erste asiatische Schauspieler, der internationale Berühmtheit erlangte.

Es gibt viele Theorien über den Tod von Bruce Lee. Meine ist die, dass er aus dem gleichen Grund starb wie James Dean, Marilyn Monroe, John Lennon, Jimi Hendrix, Amelia Earhart, Martin Luther King, Malcolm X, Anwar Sadat sowie John und Robert Kennedy: Er versuchte zu viel des Feuers zu ergreifen und es verschlang ihn.

Radames Pera in der Rolle des jungen Caine (Grünschnabel).
© 1972 Warner Bros. Inc.
Alle Rechte vorbehalten.

3. DER ECKPFEILER

Jugendliche Torheit bringt Erfolg.
Nicht ich suche den jungen Narren,
der junge Narr sucht mich.
– Yijing

An die Rolle des Caine war ein Serienvertrag gebunden. Ich konnte sie nicht übernehmen, ohne für die gesamte Laufzeit zu unterschreiben. Fünf Jahre wollten sie. Ich hatte definitiv keine Lust, eine Serie zu machen, aber ich entschied mich, diese Eventualität nicht sonderlich ernst zu nehmen. Es schien sehr unwahrscheinlich, dass es eine Serie geben würde, davon ausgegangen, wie seltsam das Material war.

Während des Drehs des *Kung-Fu*-Pilotfilms sagte ich zu Jerry: »Ich will, dass dieser Film so genial wird, dass er zu gut für eine Fernsehserie ist.« Woraufhin er nur erwiderte: »Machen wir beides!« Und ich schätze, genau das taten wir auch.

Zu dieser Zeit hatten wir keine Ahnung, dass wir dabei waren, eine Martial-Arts-Explosion auszulösen. Wir wussten nur, dass wir ein großartiges Drehbuch hatten. Sie müssen wissen, dass keiner von uns irgendetwas über Kampfkunst wusste. Das Einzige, was ein klein wenig mit dem Thema zu tun hatte, war die Tatsache, dass wir die japanischen Samurai-Filme mit Toshiro Mifune gesehen hatten, als diese Jahre zuvor populär waren. Ich saß etwas näher an der Quelle, aber das war auch der Grund, warum ich die Hauptrolle spielte. Ich wusste genau, wo in mich hinein ich gehen musste, um Caine zu finden. Ein paar Jahre vorher, als ich *Shane* drehte, eine Serie über einen bewaffneten Kämpfer, wollte der Produzent Denne Petitclerc von mir, dass ich die Rolle wie einen Samurai-Krieger anlegte. Ich wusste genau, was er meinte.

Kung Fu – Im Zeichen von Drachen und Tiger wurde in achtundzwanzig Tagen gedreht, innerhalb und in der näheren Umgebung von Los Angeles, während einer bitteren Kälteperiode im Dezember des Jahres 1971. Der Film beginnt mit Caine, der irgendwo im westlichen Teil der Staaten durch die Wüste läuft und sich an seine Jugend zurückerinnert, vor allem an die Anfänge seines Trainings, wo ihm als erstem Halbblut (er ist nur zur Hälfte Chinese) erlaubt wurde, Kung

Fu im Shaolin-Tempel zu erlernen. Während die Handlung voranschreitet (Caine kommt in eine Stadt; trifft auf Rothäute, unterdrückte Arbeiter und böse Eisenbahnleute), fährt Caine fort, sich an sein Training und sein Leben in China zu erinnern. Er denkt an seine Lektionen mit dem blinden Meister Po zurück, von dem er den Spitznamen »Grünschnabel« (im Original »Grasshopper«) erhielt; an sein abschließendes Tätowieren mit den Brandmalen (Tiger und Drache, ein Zeichen der Verpflichtung); und an den Tag, an dem er den Shaolin-Tempel verlassen musste. Dann fällt ihm wieder der Vorfall ein, der ihn zwang, so weit weg von China zu sein: Jahre nachdem Caine den Tempel verlassen hat, trifft er auf dem Marktplatz zufällig mit Meister Po zusammen. Po wird wegen eines angeblichen Angriffs auf das Gefolge des kaiserlichen Neffen – der zufälligerweise gerade den Marktplatz überquert – getötet. Caine rächt den Tod seines Meisters, indem er den Neffen des Kaisers tötet; eine Tat, die ihn zwingt, China zu verlassen und sein Leben damit zu verbringen, vor den kaiserlichen Verfolgern zu fliehen, die in Amerika nach ihm suchen.

Wir wollten den *Kung-Fu*-Film so gut wie menschenmöglich machen. In dem Bestreben nach hervorragender Qualität und Authentizität stellten wir die größte Ansammlung an Kung-Fu-Meistern zusammen, die es je für einen Film gab. Einer von ihnen war Kam Yuen, der zu uns kam, um uns die berühmte Form der Gottesanbeterin zu zeigen. Er blieb, legte sich einen weißen Bart an und wurde das Stuntdouble von Keye Luke als Meister Po. Später doubelte er auch mich (bis ich gelernt hatte, meine Tritte selbst auszuführen) und nach einiger Zeit bekam er den Posten des Kung-Fu-Koordinators von David Chow. Ich nahm mir Kam zum Meister und wir wurden Freunde fürs Leben.

Einmal, nachdem wir ein paar Tage gedreht hatten, bat mich Jerry zur Ansicht des unbearbeiteten Filmmaterials vom Vortag zu kommen. Ich war an die Erweisung eines solchen Respekts oder diese Art von Offenheit seitens der Regisseure nicht gewöhnt, deshalb sagte ich ihm, es wäre nicht nötig, ich müsse mir das nicht ansehen.

Doch er entgegnete: »Bitte! Wir wollen dir das wunderbare Werk zeigen, das wir hier schaffen.«

Keye Luke als blinder Meister Po in Kung Fu.
© *1972 Warner Bros. Inc.*
Alle Rechte vorbehalten.

Also ging ich hin. Ich kam spät rein und das Erste, was ich sah, war ich selbst auf einer riesigen, sechs Meter großen Leinwand. Ich flog in einem wallenden, safrangelben Mönchsgewand durchs Bild, um einen Speer ins Herz des kaiserlichen Neffen zu rammen. Dieser Szene folgte eine gewandte Nahaufnahme von Keye Luke als sterbendem blindem Meister Po. Ich war überwältigt. Mir war klar, dass wir einen Hit hatten.

Wir wurden kurz vor Weihnachten fertig, jeder von uns mit einem enormen Gefühl der Erfüllung in sich. Wir wussten, wir waren Teil von etwas Großartigem gewesen.

Der Film schlug eine große Welle, als er zum ersten Mal gezeigt wurde, obwohl anscheinend niemand so recht wusste, was er mit ihm anfangen sollte. Doch dann passierte etwas, was mir einen ersten Hinweis darauf gab, dass diese Sache eine viel weiter reichende Wirkung haben könnte, als alle angenommen hatten.

Es schien, als hätten sich viele Leute den Film beim ersten Mal nicht angesehen, weil sie keine Vorstellung davon hatten, worum es ging. Jetzt wollten ihn alle sehen. Der Sender setzte eine Wiederholung an und dann – just als das ganze Land vor dem Fernseher saß, um diesen chinesischen Western zu sehen, von dem sie alle so viel gehört hatten – lief vor der Ausstrahlung ein Sonderbericht, der Richard Nixon zeigte, wie er Mao die Hand schüttelte, als Zeichen der Untermauerung der Aufnahme Rotchinas in die Vereinten Nationen. Eine, wie mir schien, bemerkenswerte Gleichzeitigkeit.

Der Sender bestellte zunächst vorsichtig vier einstündige Folgen bei uns. Sie sollten einmal monatlich als »mid-season replacement« laufen.[2] Mein ursprünglicher Vertrag erlaubte das nicht. Wenn sie die Show haben wollten, mussten sie für sechsundzwanzig Folgen bezahlen. Man riet mir, den Sender um ein Vermögen zu erleichtern, doch ich wollte nichts tun, was diesem wunderbaren Projekt hätte im Weg stehen können. Ich war zu einem wirklichen Gläubigen geworden; *Kung Fu* war für mich nicht länger bloß ein Film. Also unterschrieb

---

[2] In den USA fangen die neuen Serienstaffeln meist im Herbst an und legen dann zum Jahresende eine Pause ein, um etwa gegen Februar/März fortgesetzt zu werden. Die in der Zwischenzeit ausgestrahlten Ersatzsendungen bezeichnet man als »mid-season replacements«. (Anm. des Übersetzers.)

ich, ohne zu zögern. Vier großartige Drehbücher wurden zusammengestellt, die Arbeit begann mit einer luxuriösen Zeitvorgabe von neun Drehtagen pro Folge und Jerry führte Regie. Wir führten die Suche nach Caines Bruder ein, Caine zog seine Schuhe aus und wurde Vegetarier.

In einer der Folgen, »Caine und das Band der Vergangenheit«, schuf mein Vater seine später wiederkehrende Rolle als blinder Pastor Serenity Jones. Diese Folge sollte ein wahres Carradine-Festival werden, mit Auftritten meiner Brüder Robert (als Serenitys taubstummen Helfer) und Keith (als jüngerem Caine).

John Saxon entdeckte die Kampfkunst in »Caine und der Kopfgeldjäger«, Kam Yuen war Gaststar in »Caines Blutsbruder«, wo er meinen alten Freund und Mitschüler aus dem Tempel spielte. Kam und ich fingen an, viel Zeit miteinander zu verbringen und seine ruhige Eleganz, sein einfacher, bescheidener Stil – ehrlich, aufrecht, niemals zwingend, niemals laut – hinterließ bei mir solchen Eindruck, dass ich meine Darstellung von Kwai Chang änderte, um mehr wie er zu werden.

Wir entdeckten, dass ich die Kampfkunst-Bewegungen einfach und ohne Probleme aufnahm. Wir konzentrierten uns auf das, was ich gut machte und hielten uns von dem Kram fern, der mir zu schwer oder seltsam erschien. Kam sagte: »Dieser Tritt ist hässlich. Meinst du nicht auch, dass dieser Tritt hässlich ist?« Also probierten wir etwas anderes aus, dann ging ich weg und übte. Manche Dinge konnte ich sofort, ohne jegliche Übung – die Sache mit dem dreigliedrigen Stock hatte ich innerhalb von einer halben Stunde drauf.

Für »Caines Blutsbruder« brachten sie uns jemanden, der mich beim Vormachen des Weißen Kranichs doubeln sollte (ein schwieriger Stil, sofern man nicht zufälligerweise ein Kranich ist). Der Typ machte keine wirklich gute Figur, deshalb versuchte ich es. Es klappte auf Anhieb. Man sagte mir, ich sei ein Naturtalent. Tja, das wusste ich.

Es kamen so viele Briefe, dass der Sender seinen Programmplan noch während der laufenden Staffel änderte und weitere fünfzehn Folgen von uns haben wollte. Um uns neu zu sammeln, stellten wir die Arbeit ein, ohne die letzte der ursprünglich geplanten vier Episoden zu drehen.

Wie bereits gesagt, mein Vertrag war nicht gut. Verhandlungen fingen an, die nie wirklich abgeschlossen wurden. Das Problem war nicht das Geld; davon bekam ich reichlich. Es ging mir um die Zeit. Sie wollten fünf Jahre. Meiner Meinung nach konnte ich ihnen nicht mehr als drei geben. Wir schafften es nie, uns zu einigen. Ich machte die komplette Serie, ohne jemals noch einen anderen Vertrag zu unterschreiben.

Unsere richtige erste Staffel eröffneten wir mit »Caine und die Blutrache«, der übrig gebliebenen Folge der vorherigen vier. Jerry führte zum mehr oder weniger letzten Mal Regie. Er hielt nichts von der Plackerei der Sieben-Tage-Woche. Es war eine tolle Episode und Jerry gewann einen Emmy für die Regie. Während dieser Staffel bekam auch Frank Westmore einen Emmy für sein Makeup-Design und ich wurde für einen nominiert – näher sollte ich nie mehr an so etwas herankommen.

Ganz zu Anfang dieser Folge erhielt ich von Jerry die einzige Charakteranweisung, die er mir je während der gesamten Arbeit an der Serie gab. Er ließ mir immer den Freiraum, das zu tun, was ich für das Beste hielt. Wie bei allen großartigen Regisseuren, mit denen ich gearbeitet habe, waren Jerrys Hauptmethoden Bewunderung und Ermutigung. Keine Kontrolle des Geistes, kein Zwang, keine Einschränkungen und kein Herumnörgeln.

Die Anweisung, die er mir gab, lautete: »David, spiel nicht so heldenhaft.« Diese Anordnung wurde zum Grundstein des Charakters von Caine: extreme Demut sowie das vollständige Fehlen herkömmlicher Macho-Eigenschaften und -Einstellungen. Wie Meister Kahn zu Grünschnabel sagte, als es Zeit war, den Tempel zu verlassen: »Ein weiser Mann geht gesenkten Hauptes.«

Durch diesen Hinweis von Jerry wurde auch der leichte Hauch von Stan Laurel in Caine erweckt; der »kleine Grünschnabel«, der niemals wirklich erwachsen wird und die Gesellschaft um sich herum nicht versteht; der sich unversehrt durch eine böse Welt bewegt, mit Unschuld und Fröhlichkeit als seine Hauptwaffen.

Mit Fortschreiten der Staffel nervten uns zunehmend die Versuche der FCC[3], uns – insbesondere bei den Kampfszenen – zu zensieren.

---

[3] Federal Communications Commission: staatliche Rundfunkaufsicht. (Anm. des Übersetzers.)

Wir kreierten eine authentische, spannende Folge, nur um sie vor der Ausstrahlung geschnitten und verwässert zu bekommen. Die FCC war vor allem dagegen, dass Caine jemanden tötete. Wir hielten eine Konferenz ab und entschieden uns, den Widerstand aufzugeben und uns mit ihnen zu verbünden, indem wir das Verschonen von Leben zu einer von Caines eigenen Hauptethiken machten. Nicht wir formten die Serie, die Welt tat es. Zusätzlich machten wir großzügigen Gebrauch von Zeitlupenaufnahmen, in der logischen Annahme, das weichere Aussehen hätte bessere Chancen, an den Scheren vorbeizukommen. Das Problem mit der Zensur sollten wir während der gesamten Serie haben. Wir waren zur gewaltlosen Vorzeigeshow von ABC geworden.

Um die Sache noch komplizierter zu machen, wollte der Sender zwei Kämpfe pro Episode, während uns die FCC auf vier Minuten Kampf beschränkte. Das Problem lösten wird, indem wir einen kurzen Kampf – üblicherweise ziemlich früh in jeder Folge – und einen großen gegen Ende verwendeten. Außerdem fingen wir nun an, vermehrt Trainings- und Übungsszenen einzubauen. Das konnte niemand als Gewalt bezeichnen und es befriedigte trotzdem unsere Gier nach mehr Kung-Fu-Bewegungen.

Ich trat in vielen Fernsehsendungen auf und gab eine Menge Interviews – Johnny Carson, David Frost, Merv Griffin (er machte acht mit mir, wir wurden alte Freunde). Als ich damit begann, sagte Jerry zu mir: »Teile die Herrlichkeit, David.« Ich tat mein Bestes.

Die Interviewer wollten immer wissen, ob ich wirklich Karate könnte. Der Name der Serie war *Kung Fu*, doch niemand schien zu verstehen, dass dies auch der Name der Kunst war. Ich machte aus meiner Unwissenheit über Kung Fu kein Geheimnis. Wenn man mich fragte, sagte ich: »Ich kann gar nichts.«, woraufhin ich eine subtile Bewegung vorführte. Klar, ich machte Blödsinn. Was ich vor allem damit meinte, war, dass das, was Sie sehen – das, was ich tue – wenngleich graziös, schnell und effektiv, nichts im Vergleich zu dem ist, was es zu lernen gibt. Verstanden haben meine Aussage leider nicht sehr viele Leute.

Ich denke darüber noch immer genauso. Verglichen mit all dem, was es zu lernen gibt, weiß ich nichts. Und egal, wie lange ich auch studiere oder wie lange ich auch lerne, wird dies wohl immer mein Gefühl bleiben. Einmal sagte mir David Chow, ich wüsste mehr, als ich dächte zu wissen. Ich wusste genug, um zu wissen, dass ich niemandem zeigen wollte, wie wenig ich *wirklich* wusste. Doch ich wusste mit jedem Tag mehr. Augenblick für Augenblick, Tag für Tag, betrat ich die Arena tiefer, die Caine gehörte. Manchmal trat ich sicher. Manchmal blind.

David Carradine in einer Szene aus Kung Fu.
© 1972 Warner Bros. Inc.
Alle Rechte vorbehalten.

4. DIE FLÖTE

Wenn Fürsten und Könige sie zu wahren verstehen,
so stellen sich alle Geschöpfe als Gäste zur Seite:
Himmel und Erde vereinigen sich,
um süßen Tau zu träufeln.
– Laozi

Während des Drehs der Folge »Caine und die Flucht in Ketten« zeigte mir der Schauspieler Michael Greene, wie man eine Bambusflöte herstellt, und schenkte mir eine, die er angefertigt hatte. Caine fing irgendwann auf seinem Weg an, sie mit sich herumzutragen, obwohl sich bis weit in die nächste Staffel hinein kein Autor oder Regisseur imstande sah, mich in der Serie darauf spielen zu lassen.

Ein wahrer Kampfkünstler muss in wirklicher Harmonie sein. Traditionell sollte der Krieger auch ein Künstler sein. Er sollte zeichnen oder malen oder Dinge mit seinen Händen machen oder ein Musikinstrument spielen. Das war meine Überlegung, als ich die Bambusflöte in die Serie einbrachte. Sie fragten mich in der Sendung *ABC Wide World of Entertainment*: »Wozu die Flöte?« und ich sagte es ihnen: »Weil es für einen Mann wichtig ist, sanft und leise zu sein.« Die Flöte ist außerdem eine effektive Waffe und ein Mittel zur Meditation noch dazu.

Das *Yijing* hat Folgendes zu sagen: »Das Dunkle wird aufgelöst vom durchdringenden Licht. Der sanfte Wind zerstreut die versammelten Wolken, den Himmel klar und beruhigt zurücklassend. Die winzigen, weichen Wurzeln des Holzes durchdringen den massivsten Felsen, die dunklen Intrigen aufbrechend, die das Licht des Tages scheuen. Unterdessen bringen die flüsternde Musik des Windes und das allmähliche Entfalten der Blätter Ruhe und Frieden; sanft, freundlich und unbedrohlich erscheinend. Die Auswirkungen des sanften, durchdringenden Windes sind zwar weniger auffallend als die von aggressiver Gewalt, aber dafür andauernder und vollständiger.«

Dieses Prinzip, ausgeübt von einem Krieger, ist kraftvoll und unwiderstehlich.

Die Flöten stellte ich selbst her (ein Teil der Disziplin). Der Bambus kam aus dem Bambuswald, der direkt neben dem Teich bei den

Burbank Studios wuchs. Ich erntete die jungen Bambusrohre und ließ sie reifen, indem ich sie in einem Bündel zusammenband und danach für ein paar Monate mit einem Stein beschwert in den Malibu Creek legte. Danach säuberte ich die hohlen Zentren und brachte auf traditionelle Weise die Tonlöcher an, brannte sie also mit einem heißen Schüreisen heraus. Dabei muss man sehr schnell und vorsichtig sein, immer nur ein kleines Stück auf einmal erledigen, sonst bekommt der Bambus aufgrund der großen Hitze Sprünge. Der letzte Schritt ist eine dünne Beschichtung aus klarem Lack innen und außen, um das Instrument vor dem Wetter zu schützen. Dadurch wird außerdem der Klang verbessert. Zur zusätzlichen Verstärkung der Flöte kann man sie mit nasser Schnur oder nassem Leder umwickeln und dann trocknen lassen.

Das Anbringen der Löcher, die die Tonhöhe bestimmen, hat auf Grundlage einer bestimmten mathematischen Formel zu geschehen, sonst ist die Flöte verstimmt. Andererseits … wer sagt, dass eine Meditationsflöte unbedingt richtig gestimmt sein muss? Sie ist schließlich nicht dazu gedacht, »Yankee Doodle« zu spielen. Wie dem auch sei, junger Grünschnabel, es gibt immer einen Weg. Ich kopierte die Abmessungen einfach von einer silbernen Konzertflöte.

Während einer der Folgen demonstrierte ich die Herstellung der Flöte vor der Kamera. Im Laufe der Serie gab es vier verschiedene Exemplare. Ich habe sie alle irgendwann an Suchende mit klarem Blick weitergegeben, die ich auf meinem Weg traf.

5. VERÄNDERUNGEN AUF DEM WEG

Zusammenhalt bringt Glück.
Die Unsicheren werden sich glücklich anschließen.
Wer zu spät kommt, trifft auf Unglück.
– Yijing

Wir beendeten die 1972er-1973er-Staffel auf dem Höhepunkt der Einschaltquoten, mit dem Segen des Senders und einem Deal über zweiundzwanzig weitere Folgen für die nächste Saison in der Tasche. »Gleicher Tag, gleiche Zeit. Alles bleibt beim Alten.«

Am chinesischen Neujahr lud mich David Chow zu einem Abendessen mit dem Bürgermeister von Chinatown ein. Wir fuhren an der Spitze der Parade und die Leute jubelten und warfen mit Reis. Barbara stand neben mir und ich hielt unseren neugeborenen Sohn Free (der in einen safrangelben Schlafanzug gekleidet war) so, dass ihn alle sehen konnten.

Etwa zu dieser Zeit fingen wir an, Gemurmel aus dem Osten über jemanden namens Bruce Lee zu hören. Manche von uns waren besorgt, er würde uns unseren Donner stehlen. Doch ich sah etwas anderes: Gleichgewicht.

Auch bei Warner war die Kunde angekommen. Fred Weintraub – vielleicht weil er sich darüber ärgerte, dass er das Skript des *Kung-Fu*-Films abgegeben hatte – machte seinen Verlust wieder wett, indem er einen Film drehte, der *Enter the Dragon*[4] hieß. Um die Sache zusätzlich zu würzen, wurde der Karate-Champion Chuck Norris als Filmgegenspieler für Bruce engagiert. So löste also im Endeffekt das Drehbuch eines relativ unbekannten Gelegenheitsautors, welches zunächst niemand haben wollte, die gesamte internationale Martial-Arts-Explosion aus.

Enter the Dragon war Pflichtprogramm für Cast & Crew von *Kung Fu*. Nachdem wir den Film gesehen hatten, meinte Jerry, wir würden gegen den James Bond der Kampfkunst antreten. Darauf erwiderte ich, er wäre eher so etwas wie der James Dean. Wie prophetisch von

---

[4] dt.: *Der Mann mit der Todeskralle* (Anm. des Übersetzers.)

43

Grünschnabel. Außerdem traten wir nicht gegen die Sache an, sondern waren Teil von ihr. Verdammt, wir waren das Original.

Bruce war das Yang, wir waren das Yin. Bruce war Feuer und Männlichkeitswahn, wir waren Frieden und Demut. Zusammen stellten wir ein perfektes Gleichgewicht dar, wie die Beatles und die Rolling Stones. Die Bewegung wuchs und wir alle waren gemeinsam Teil davon.

Die neue Staffel fingen wir mit einem grandiosen zweistündigen Special an und so gut wie jeder, der einen Fernseher hatte, sah uns zu. Jeder Schauspieler der Stadt wollte in der Serie auftreten, jeder Autor eine Folge schreiben und jeder Regisseur bei einer Regie führen.

Wir schlugen einfach weiter auf unserer alten Trommel, indem wir eine hervorragende Produktion mit historischer Genauigkeit, Kung-Fu-Kämpfen und chinesischer Weisheit koppelten. Wir zeigten Rothaut-Vorurteile auf und entwarfen eine authentische Chronik der Schwierigkeiten, die die chinesischen Menschen in Amerika hatten, als Ost auf West traf. Ab und zu warfen wir auch noch einen Schwarzen oder einen amerikanischen (beziehungsweise, wie in einer Folge, einen armenischen) Ureinwohner mit hinein. Immer flüssig und aufräumend. Zweideutigkeit war unser Metier.

Bruce Lee starb. Als Zeichen änderte ich Caines Hemdfarbe von braun zu safrangelb. Wir waren wieder alleine.

Das *Yijing* sagt, dass »Zusammenhalten« nach einer »Figur, um die sich andere versammeln können« ruft. Ich weiß nicht, ob ich dazu berufen war, aber am Set führte kein Weg daran vorbei. Ich wurde zum Mittelpunkt des Einflusses – ganz gleich, was ich tat; ob ich damit umgehen konnte oder nicht. Im Hauptbüro übte Jerry Thorpe absolute Macht mit gewohnter Leichtigkeit aus.

Ein Machtkampf gewisser Art entwickelte sich im Raum zwischen uns. Jerry und ich polarisierten. Es konnte nichts dagegen getan werden. Leider und vollkommen unnötigerweise hatten wir eine konkurrierende Beziehung aufgebaut. Wir respektierten uns, liebten uns sogar, aber wir vertrauten uns nicht vollkommen. Wir befanden uns in ständiger Opposition. Ich bemühte mich nach Kräften, Jerrys konservativen Bemühungen zu entfliehen mich von dem radikalen Sprung abzuhalten, von dem er wusste, dass er mich von einer Klippe stürzen würde, und von dem ich wusste, dass er für mein Überleben nötig war.

Wir lagen beide richtig und wir lagen beide falsch.

David Carradine als Kwai Chang Caine.
© 1972 Warner Bros. Inc.
Alle Rechte vorbehalten.

6. DIE REVOLUTION

Entweder diese Tapete geht, oder ich.
– letzte Worte von Oscar Wilde

Eines Tages kam Jerry zum Set und teilte mir mit, dass er die Serie nicht länger produzieren würde. Er raffte sich auf, um sich auf seine neue Show *Harry O.* zu konzentrieren. Die Serie würde von nun an von Alex Beaton (einem tollen Mann und großartigen Produzenten, der die Show fast genauso liebte wie ich) und John Furia (einem Story-Editor, den ich kaum kannte) produziert werden. Ich schaute Jerry in die Augen und sah die schreckliche Qual verflossener Liebe. Fast musste ich weinen. Er verließ uns. Er hatte eine neue Liebe gefunden. Die Show war für mich danach nie mehr dieselbe.

Alles Schreiben, Planen und Anheuern für die Serie war – auf meinen eigenen Wunsch hin – immer ohne mich erledigt worden. Ich hatte am Set freie Hand und brachte meine Vorstellungen und Ansichten immer direkt dort ein. Doch dann versuchte John Furia diese Lücke zu schließen und wir gerieten aneinander. Das Resultat war eine Revolution. Ich ging auf alles und jeden los. John ging und Herman Miller kam wieder mit ins Boot.

Aber diese Veränderungen reichten noch nicht aus. Das wusste ich, weil ich die einzige Person von uns war, die Kontakt mit der öffentlichen Meinung hatte. Ganz einfach deshalb, weil die Leute mich auf der Straße erkannten, auf mich zukamen und mir sagten, was sie dachten. Ich hörte von den Fans, dass in der Serie zu viel Judo vorkam und nicht genug Kung Fu. Ich selbst war mit der Action zu diesem Zeitpunkt ebenfalls nicht mehr zufrieden. Wir hatten eine Hochebene erreicht. Ich fühlte, dass David Chow uns so weit gebracht hatte, wie er konnte.

Ich sprach mit Jeff Cooper, meinem Freund und Komentor seit wir damals 1963 im gleichen Flugzeug nach Hollywood gekommen waren. Er sagte: »Es fördert einen, den großen Mann zu erkennen, Kleiner.«

Barbara und Free wurden in mein altes Packard-Straight-8-Kabrio geladen und wir fuhren los, um uns mit Dan Haggerty in dem Haus zu unterhalten, das er eigenhändig am Fuße der Santa Susanna Mountains gebaut hatte. Als wir ankamen, begrüßte er uns gemeinsam mit seinen beiden Wölfen – Masagwa und ihrer Mutter.

Ich zeigte ihm die kunstvolle Gitarre, die Stuart Mossman in Winfield, Kansas für mich angefertigt hatte. Danny war in Kansas mit dabei gewesen, als ich das Geschäft mit Stu machte, deshalb dachte ich, sie würde ihn interessieren. Er nahm sie in seine Gorillahände und dann, indem er sie wie ein Saxofon hielt und den Instrumentenkopf gegen seinen Mund presste, blies er so fest er konnte. »Der Hals ist kaputt!«, meinte er nur und gab sie mir zurück.

Wir setzten uns vor eine riesige steinerne Feuerstelle. Ich fragte ihn: »Was soll ich tun?« Danny legte seine Hand auf den Kopf des Löwen, der ruhig zu seinen Füßen saß, und sagte: »Sei nett, David.«

Der nächste Tag am Set war ein Kampf-Tag. Es gab sie einmal oder zweimal in der Woche. David Chow tauchte dann immer mit jeder Menge Kämpfer auf und wir machten eine Actionszene. An diesem Tag sollte der Kampf in einem Gefängnis stattfinden. Beim Ausbrechen besiegt Caine den Sheriff und vier von dessen Helfern. Greg Walker hatte fast ein Dutzend der rauesten und zähesten Stuntmen von Los Angeles zusammengetrieben, mit dabei Tony, Andy und Gary Epper, einer der Rondells, Buddy Joe Hooker und Steve Burnett (der Mann, der mir zehn Jahre zuvor das Fast Draw[5] beigebracht hatte). Buddy Van Horn sollte die Sache übernehmen, schaffte es aber nicht.

Ich nahm David Chow zur Seite. »Lass mich diesen Kampf machen«, sagte ich und brachte ihm einen Stuhl. »Du schaust zu.«

Der Rest von uns kam zusammen und stellte die härteste Kampfszene auf, die *Kung Fu* je gesehen hatte. Zwischen den einzelnen Aufnahmen sprintete ich rüber zum anderen Ende des Geländes, um mit Jerry zu sprechen. Der Ablauf war immer gleich: sein Telefon klingelte, der Regieassistent sagte: »Wir brauchen ihn.«, ich rannte zurück zum Gefängnis, um das nächste Stück des Kampfes zu drehen, dann lief ich wieder zu Jerry und besprach weitere Änderungen mit ihm. Und so ging das den ganzen Tag.

---

[5] Ein Westernsport, bei dem es darum geht (meist in Cowboy-Outfit) schnellstmöglich einen Revolver auf eine Zielscheibe abzufeuern. Dabei kommt in etwa so eine Bewegung zum Einsatz wie die von Lucky Luke, wenn er schneller zieht als sein Schatten … (Anm. des Übersetzers.)

Einmal zwischendurch, als ich gerade erschöpft auf dem Boden saß – den Rücken gegen die Gitterstäbe einer Gefängniszelle gelehnt – und versuchte wieder zu Atem zu kommen, spürte ich eine Hand auf meinem Arm. Es war Danny. Er grinste mich an. »Hab gehört, du bist heute etwas hitzig.«

An diesem Tag benutzte ich kein Double. Ich bestand darauf, echte Schläge abzubekommen. Ich schwang an einem Kronleuchter, riss ihn herunter und flog quer über die Bühne direkt in eine Plastikwand hinein.

David Chow schaffte es nicht, mir mitzuteilen, was er von der Sache hielt. Ich war trunken von Kung Fu. Er fragte mich: »Was willst du?« Ich sagte: »Ich will bloß, dass es echt ist!« Worauf er erwiderte: »Das meine ich nicht. Was willst du?« Und ich antwortete: »Ich will alles!«

Wir hatten einen Stunt vorbereitet, bei dem Caine von einem Balkon springen und auf der steinernen Straße in einer Kampfpositur landen sollte. Es gab zwar einen Trick, damit alles funktionierte, aber es war trotzdem ein gefährlicher Stunt. Ich wollte ihn selbst machen. Jerry lehnte entschieden ab. Also übernahm Greg Walker, der den Stunt arrangiert hatte. Jerry und ich sahen ihm zu. Die Haltevorrichtung, die seinen Fall verlangsamen sollte, brach herunter, als Greg sprang. Er landete perfekt, aber sehr hart. Jerry meinte: »Zehn Zentimeter höher und es hätte einen gebrochenen Knöchel gegeben. Dann könnten wir den Laden für sechs Wochen dichtmachen.«

Ich sagte: »Jerry. Ich will es ohne David Chow machen.«

Er antwortete: »Wer wird die Kämpfe choreographieren?«

Ich erwiderte: »Ich.«

Er schüttelte seinen Kopf. »Du hast keine Zeit. Wir können dich nicht entbehren.«

»Ich erledige es in meiner Mittagspause. Curtis Wong und sein Bruder werden mir ein bisschen helfen.«

Wieder schüttelte Jerry den Kopf. »Du kannst nicht alles machen, David.«

»Aber du hast es doch gesehen. Es war großartig!«

»Ja, das war es, David. Und wenn du das jedes Mal versuchst, wirst du zusammenbrechen. Du kannst auf Dauer nicht mehr tun, als dir möglich ist. Du hast dich heute zweimal fast umgebracht. Die Show wäre am Ende. Ohne dich kann es nicht weitergehen.« Er winkte mit seiner Hand zur Crew rüber. »Diese Leute brauchen ihren Job. Sie haben Familien.«

Ich sah zu Jeff. Er sagte: »Ruf Kam.«

David Chow war mein erster Lehrer und als solcher wird er immer meinen Respekt haben. Während sein Training in Kung Fu unvollständig war, war sein Geist großartig und er teilte sein Wissen über die chinesische Kultur und seine Liebe für sie mit uns allen. Die Übungsstunden, die wir gemeinsam in der Turnhalle (die man für uns im alten Gerichtsgebäude auf dem hinteren Teil des Warner-Bros.-Geländes aufgebaut hatte) und im Haus am Blue Jay Way verbrachten, waren das Fundament meines Trainings in Kampfkünsten. Die Kerne der Weisheit, die er mir gegeben hatte, wuchsen immer noch in mir. Seine zahlreichen Kontakte zur Kampfkunst und zur chinesischen Gemeinde brachten viel Talent ans Licht. Mehr als einmal hatte sich David mit echter Courage für uns eingesetzt, wenn wir irgendein Problem hatten.

Er lebt heute, wie schon seit Jahren, in feudalem Luxus im durch die Beatles bekannten »House on Blue Jay Way«. David geht nach wie vor zahlreichen Geschäftsinteressen nach sowie seinen Verpflichtungen gegenüber der Kampfkunst und der chinesischen Kulturbewegung.

Kam Yuen übernahm die Stelle als Kung-Fu-Koordinator, und echtes Shaolin- und Tai-Mantis-Kung-Fu hielt zur besten Sendezeit im Fernsehen Einzug. (Der Gottesanbeterinnen-Stil [Praying Mantis] ist Kams Spezialität.) Noch ein paar andere Leute mussten die Produktion verlassen und man gab mir dafür ebenfalls die Schuld. Jeder Aspekt der Show wurde umgekrempelt.

Dennoch fühlte sich die Sache für mich immer noch nicht richtig an. Ich fragte Richard Lang, der mein Lieblingsregisseur und ein enger Freund geworden war, was ich tun könnte. Er sagte, ich könnte Thorpe feuern und als ausführender Produzent übernehmen, dann würde die Serie zwar sicherlich Pleite gehen, aber vielleicht wäre ich glücklicher. Richard war ein lustiger Kerl. Er und Jim Weatherill schafften es als Einzige, während dieser ganzen Angelegenheit sowohl zu mir als auch zu Jerry immer vollkommen loyal und ehrlich zu sein. Also sprach ich mit Jim Weatherill ebenfalls darüber. Jim war offiziell mein Stand-In, also meine Aushilfe, aber sein Verantwortungsbereich ging weit über diese Nomenklatur hinaus. Er war dafür zuständig, mich am Morgen zur Arbeit zu bringen (er nannte das »meinen Käfig rütteln«), und unser Ansprechpartner in Notfällen jeglicher Art. Es gab nichts, was er nicht vollbringen konnte. Er tat alles dafür, unsere Ziele durchzusetzen, selbst wenn das manchmal beinhaltete, sich selbst und anderen körperliche Schäden anzudrohen. Am Ende der zweiten Staffel wurde er zum »Wertvollsten Spieler« des Teams ernannt. Bis zum Schluss der Serie, ein Jahr später, arbeitete er sich zum Koproduzenten hoch. Jim sagte: »Vertrau Jerry, Großer.« Woraufhin ich erwiderte: »Jerry ist nicht hier.« Doch er meinte nur: »Vertrau ihm, Kwai Chang. Er wird hier sein.«

Die Wahrheit war, dass mir zu diesem Zeitpunkt nichts – nicht einmal Jerrys Rückkehr ans Ruder – Frieden gebracht hätte. Das Problem lag in meiner eigenen inneren Seele. Die Show ging weiter. Noch immer wurde sie von allen geliebt.

Am ersten Tag von Kam Yuens Kampfchoreographie wusste ich, dass wir endlich wieder eine Glückssträhne hatten. Der Kampf war großartig und *neu*. Nie sah Grünschnabel besser aus. Ich war befreit, wieder ich selbst. Ich richtete ein, dass Caine – zur Kennzeichnung dieses Moments – seinen Hut verliert.

Kam Yuen wurde als Liam Kem Yuen in Hongkong geboren und begann, wie jeder in der Familie, sein Kung-Fu-Training schon als Kind. Sein Meister war der berühmte Tsou Chu Kai, genannt die »Tai-Chi-Gottesanbeterin der Welt«. Shifu Tsou Chu Kai war außerdem ein fähiger Heilkundiger und weithin bekannt für seine Technik, Knochenbrüche mittels tiefer Massage zu kurieren. *Sein* Meister, Mo Yuan, trainierte im ursprünglichen Shaolin-Kloster am Fuß des Songshan-Gebirges in Nordchina und trug die berühmten Brandtätowierungen von Tiger und Drache. Allerdings nicht etwa auf den Armen, sondern auf seinem Bauch – ein seltenes Zeichen außergewöhnlichen Mutes und außergewöhnlicher Leistung.

Die Tierbrandmale waren ein traditionelles Zeichen der Verpflichtung. Im Pilotfilm von *Kung Fu* zeigten wir Caine, wie er sie sich durch das Tragen eines glühenden Kessels auf die Unterarme brennt. Wir ließen einige der Details aus, weil wir nicht erwarteten, dass sie irgendjemand geglaubt hätte. Eigentlich war es so, dass der Jünger durch einen langen Tunnel gehen musste, um an den Kessel zu kommen. Auf jeder Seite des Tunnels gab es alle Arten von Vorrichtungen, die ihn verstümmeln oder töten konnten. Falls der Jünger es bis zum Ende des Tunnels schaffte – überflüssig zu erwähnen, dass die Erfolgsquote nicht sehr hoch war –, brandmarkte er sich selbst.

Kam ist in den meisten nördlichen und Shaolin-Stilen sehr geschickt. Dazu gehören Tai Mantis, Lohan, Ling Po, Taijiquan, die Kleine Runde Faust, die Kleine Intelligente Faust, diverse Tierstile und nahezu alle Waffen: dreigliedriger Stock, neungliedriger Stock (oder Kettenpeitsche), Schwerter, Doppelschwert, Messer, Wurfsterne, Stab und Besen. Ich sah ihn einmal lachend ein halbes Dutzend Angreifer mithilfe einer zusammengerollten Zeitschrift bezwingen. Er ist außerdem ein Turner, Trampolinspringer und hat etwas von einem Akrobaten.

Mit Kam am Set von *Kung Fu* schafften wir es schnell, uns einer vollkommen authentischen Darstellung des Kung Fu anzunähern. Um den Prozess zu unterstützen, brachte ich mich selbst direkter in das Geschehen ein und erledigte mehr Stunts als je zuvor. Zu Beginn der dritten Staffel fing ich an, offiziell Kung Fu zu studieren. Ich arbeitete mit einem Lehrer aus der Schule, die Kam leitete. Täglich mehrere Stunden. Ab dann hatte ich für immer mit Kampfdoubles abgeschlossen. Mein Stuntdouble, Greg Walker, wurde zum Stuntkoordinator befördert und sprang nur noch für mich ein, wenn es um das Herunterfallen von Häusern ging – oder um das Durchlaufen von Feuer. (Beim Film nennt man einen Stuhl, der in Stücke zerspringt, wenn man ihn jemandem über den Schädel haut, einen »Kaputtmach-Stuhl«. Wir nannten Greg immer den »Kaputtmach-Caine«.)

Während der dritten Staffel änderte ich auch Caines Kostüm in ein klassisches schwarzes Kung-Fu-Outfit aus Seide. Wir machten in diesem Jahr eine Menge großartiger Shows, einschließlich eines Zweiteilers, der ausschließlich im Shaolin-Tempel in China spielt. Ich durfte bei dieser Folge Regie führen. Ich castete Barbara Hershey, um an meiner Seite eine weibliche Kung-Fu-Meisterin zu spielen, in die sich

Caine verliebt. Sie stirbt am Schluss auf tragische Weise. Victor Sen Young (der einer der absolut besten asiatischen Schauspieler und im echten Leben ein Held war) spielte einen abtrünnigen Meister, den früheren Lehrer von Barbaras Figur. Victor ist inzwischen tot, seine Seele Ruhe bei Gott, ebenso Keye Luke, Philip Ahn, Richard Loo, Benson Fong, Frank Westmore und so viele andere meiner lieben Freunde aus der Serie. Gleichfalls mein Vater, dessen Rat und Inspiration mich während meines ganzen Lebens getragen haben.

Kam Yuen als Stuntdouble des blinden Meister Po (Keye Luke)
in Kung Fu.
© 1972 Warner Bros. Inc.
Alle Rechte vorbehalten.

7. DIE SCHRIFT AN DER WAND

Wer sich genügen lässt, ist reich.
Wer auch im Tode nicht untergeht, der lebt.
– Laozi

Nach meinem Ausflug in die Regie bemerkte ich zum ersten Mal, wie schlecht meine Beziehungen zu Crew, Studio und Sender geworden waren. Ich war zu lange zu hart gewesen, hatte zu viele Leute im Zorn angeschrien und mich zu sehr von allem abgeschottet. Die Arbeitsmoral war unwiederbringlich am Boden. Jerry, Alex und Herman hielten ein Meeting in meinem Wohnwagen ab und Jerry wies darauf hin, was der Sender aus unserer Arbeit machte. Bei ABC war man dazu übergegangen, die Show jede Woche zu unterschiedlicher Sendezeit auszustrahlen, um schwächelnde Quoten anderer Sendungen abzufangen. »Kanonenfutter« nannte er das. Ich fühlte, dass es – wenn das alles war, was man von uns hielt – vielleicht Zeit wurde, die Serie zu beenden. Die anderen stimmten mir zu. Niemandem machte die Arbeit noch viel Spaß und wir alle hatten es nötig, uns neuen Aufgaben zu widmen. Der Sender meinte, er müsse darüber nachdenken. Ich sagte ihnen, sie sollten in den Vertrag schauen. (Der Leser erinnert sich sicherlich noch, dass ich keinen hatte.)

Wir hörten mit einer fünfstündigen Marathonepisode auf, in der Kwai Chang endlich seinen Bruder findet und Grünschnabel zum letzten Mal der Sonne entgegenwandert. Sie wurde so gut, dass wir es uns fast anders überlegt hätten, aber die Show war gestorben. Um der Nostalgie Willen warfen wir noch eine allerletzte Folge hinterher, die die Figur meines Vaters, den blinden Serenity Jones, ein letztes Mal zurückbrachte. Am Schluss waren alle voller Liebe und hatten Tränen in den Augen. Wir zögerten erneut, doch ich hatte mir immer geschworen, dass das dritte Jahr das letzte sein würde. Nach Ende der Staffel, am 5. Februar 1975, ging ich.

Wir hatten dem Pilotfilm zweiundsechzig Episoden folgen lassen. Ich hatte genau eineinhalb von insgesamt 468 Arbeitstagen verpasst (so viel zum Thema Zuverlässigkeit) und mir jeden Finger und Zeh mindestens einmal gebrochen oder ausgerenkt. Ich hatte meine Familie verloren, mein Vermögen verprasst und mit so gut wie jedem meiner Freunde gebrochen. Ich war körperlich in ausgezeichneter Verfassung und emotional vollkommen zerrüttet – reif für die Wiedergeburt.

Ich nahm an, dass dies das Ende von mir und der Kampfkunst wäre. Doch ich hatte beides unterschätzt, sowohl mich ... als auch den Geist des Shaolin.

David Carradine und Kam Yuen.

8. NACH DEM FALL

Arbeit am Zerstörten
hat unvergleichlichen Erfolg.
Der Wendepunkt.
– Yijing

Zwei Wochen nachdem ich die Serie verlassen hatte, ließ ich mich auf *Death Race 2000* ein – in einem beabsichtigten Zug, das Image von Caine loszuwerden und eine Filmkarriere zu beginnen. Das mit der Karriere beim Film kam wenige Monate später durch *Bound for Glory*[6] ins Rollen, möglicherweise meine bislang beste Rolle. Kwai Chang Caine zu töten war eine andere Sache.

Anfang 1976 fing ich damit an, Strandlauf zu betreiben. Ich arbeitete mich zu sieben Meilen am Tag hoch, allerdings in Zeitlupe. Ich war ein strikt veganer Vegetarier, nahm keine Drogen irgendwelcher Art, hielt mein Haus sauber, ging früh ins Bett und las viel. Meine einzige Gesellschaft waren meine zwölfjährige Tochter Calista und mein Hund Buffalo.

Eines Samstagmorgens, während ich am Strand ausspannte, fiel ich spontan in einen Zustand der Meditation. Als ich wieder zu mir kam, sprang ich auf, schwang mich in meinen gelben Ferrari, fuhr so schnell wie möglich nach Torrance – eine Strecke von vierzig Meilen – und platzte in Kam Yuens Elf-Uhr-Unterrichtsstunde. Kam war sehr überrascht. Er hatte nicht erwartet, mich jemals wiederzusehen.

Er gab mir einen Schlüssel zum Kwoon (der Raum, in dem die Schüler üben) und eine Zeit lang lebte ich in einem kleinen Zimmer an der Rückseite des Gebäudes. Ich verbrachte meine Tage damit, die Turnhalle zu fegen und in ihr zu trainieren, gesunde Nahrung zu mir zu nehmen und mich mit anderen Martial Artists zu unterhalten. Ich führte das reine, heilige Dasein eines Shaolin-Mönchs. Dann, eines Abends, ging ich zu einer Verabredung. Ich verlor den Schlüssel zum Kwoon irgendwo am Mulholland Drive. Kam gab mir nie einen neuen. Ich zog bei dem Mädchen ein und das war das Ende meines Lebens im Kwoon. Frauen waren schon immer mein Untergang.

---

[6] dt.: *Dieses Land ist mein Land* (Anm. des Übersetzers.)

Ich trainierte weiterhin täglich mit Shifu Kam Yuen, im Garten bei mir zu Hause, und lernte neue Formen und Techniken. Ich begann mit Taijiquan und damit, die Ling-Po-Form zu üben. Außerdem machte ich mit dem neungliedrigen Stock Bekanntschaft, auch bekannt als Kettenpeitsche. Kam gab mir einen ganz besonderen neun- und einen dreigliedrigen Stock, die beide in der Volksrepublik hergestellt worden waren. Ich habe sie noch heute.

Es war etwa zu dieser Zeit, als ich mit meinen langwierigen Bemühungen anfing, einen Film über Kung Fu auf die Leinwand zu bringen, der *The Silent Flute* hieß.

David Carradine in Das Geheimnis des blinden Meisters (The Silent Flute).
Foto von Eli Ben-Ari.
© 1978 Abco-Embassy Films.
Alle Rechte vorbehalten.

9. DIE DREI PRÜFUNGEN

Binde zwei Vögel aneinander.
Obwohl sie vier Flügel haben,
können sie nicht fliegen.
– Ah Sahm

The *Silent Flute* – oder *Circle of Iron*[7], wie der Film schließlich genannt wurde – war die Story für einen Film, der endlich das wahre Wesen des Kung Fu zeigen sollte. Die Idee dazu hatte Bruce Lee, noch zu seiner Zeit in Hollywood. Zwei seiner Schüler unterstützten ihn dabei: James Coburn, der Schauspieler, und Stirling Silliphant, der Schöpfer-Autor-Produzent, der für *Route 66* verantwortlich war. In der Geschichte muss Cord, der Suchende, drei Prüfungen überleben, um sein Ziel zu erreichen; nämlich Zetan zu treffen, den legendären Bewahrer des Buchs, das alles Wissen enthält. Als er sich auf seinen Weg zu Zetan macht, hört er das Klingeln einer Glocke. Diese befindet sich am Fuß von Ah Sahm, eines blinden Meisters mit unglaublichen kämpferischen Fähigkeiten. Widerwillig wird der blinde Mann zu Cords Lehrer. Der ursprüngliche Plan sah vor, dass Coburn den Suchenden spielen und Bruce mehr oder weniger alle anderen Rollen übernehmen würde: den blinden Meister und die drei Prüfer. Stirling sollte das Drehbuch schreiben. Jedoch starb Bruce, ohne den Film gemacht zu haben.

John Drew Barrymore (der Sohn des berühmten Schauspielers und Vater von Drew Barrymore) war ein Freund von James Coburn. Er holte ein Exemplar des Drehbuchs aus Jims Bücherschrank und brachte es mir.

Ich bekam dieses Skript nicht mehr aus meinem Kopf. Es schien mir von allergrößter Wichtigkeit, diesen Film zu drehen. Mit ihrer Handlung und der darin verarbeiteten Darstellung von Kung Fu traf die Story genau das, um was es wirklich geht. In gewisser Weise war das Skript dem ursprünglichen Drehbuch von *Kung Fu* sehr ähnlich, das solch lange Zeit in Fred Weintraubs Büro verstaubt war. Genauso wie dieses damals war auch *The Silent Flute* den Studios zu radikal,

---

[7] dt.: *Das Geheimnis des blinden Meisters* (Anm. des Übersetzers.)

um in Erwägung gezogen zu werden. So drastisch wie das Skript war, ließ sich leicht erkennen, warum man den Film nicht gemacht hatte. Außerdem gab es natürlich auch noch das Problem der Besetzung. Jim Coburn war inzwischen sehr viel älter und litt unter einer lähmenden Arthritis. Und Bruce war definitiv nicht verfügbar.

Ich war wie geschaffen für Cord, den Suchenden, und mir sicher, dass ich es mithilfe meines Rufs schaffen könnte, den Film zu realisieren. Doch wenn ich Cord wäre, wen gab es dann noch, der in der Lage war, Bruce zu spielen?

Mir kam in den Sinn, dass es – wenn ich für Bruce als Ah Sahm (der blinde Meister), Affenkönig, Pantermann und Changsha (die Macht der Erde) übernähme – vielleicht leichter wäre, einen anderen Suchenden zu finden. Eigentlich fiel mir sogar direkt einer ein: mein alter Freund und philosophischer Trainingspartner Jeff Cooper. Jeff war ebenfalls Schüler von Kam Yuen, aus eigenem Recht ein Kampfkunst-Star und der einzige Mensch auf der Welt, der mir körperlich Angst machen konnte – gleichzeitig aber auch derjenige, dem ich jederzeit blind vertraut hätte. Es schien perfekt, wie vom Himmel geschaffen. Ich begann, mich um das Zustandekommen des Projekts zu kümmern. Zu diesem Zweck verstärkte ich mein Kung-Fu-Training. Shifu folgte mir jetzt überallhin und wir übten täglich von morgens bis abends, wann immer es ging. Wir studierten nicht nur die Techniken, sondern machten auch in neuen Bereichen Fortschritte und fingen an, die Richtung festzulegen, in die die Kämpfe gehen sollten.

Ich musste im Film vier verschiedene Stilrichtungen können, also legten wir das Training darauf aus. Ich begann am Stil des Affenkönigs zu arbeiten, perfektionierte meinen Schmetterlingskick, fügte ein paar auffällige neue Drehkicks hinzu, lernte einige »Alter Mann«-Techniken und arbeitete hart und lange, um meine Kraft, Ausdauer, Genauigkeit und Geschwindigkeit zu erhöhen. Ich übte mit dem Langstock, lernte mehrere Gymnastikbewegungen und brachte sehr viele Stunden auf einem Trampolin zu. Unterdessen erprobte ich während der Geschäftszeiten meine extrem minimalen Fähigkeiten als Filmmogul. Ich versuchte einen Deal auszuhandeln, damit der Film gemacht werden konnte. Letzten Endes landeten *The Silent Flute* und ich dann bei einem Produzenten namens Sandy Howard.

Sandy wollte mich unbedingt als den Suchenden haben. Deshalb sagte ich ihm: »Schau, diesen Charakter habe ich bereits gespielt, fünf Jahre lang. Es ist an der Zeit für mich, der Lehrer zu sein. Und außerdem … wer sonst könnte noch Bruce Lees Rolle übernehmen?«

Er meinte: »Nehmen wir doch mehrere Leute: Alec Guinness für Ah Sahm, Oliver Reed oder Omar Sharif für Changsha und so weiter – in den Kämpfen lassen wir sie dann einfach von tollen Martial Artists doubeln.«

Woraufhin ich ihm erklärte: »Das wird nichts. So was kann man nicht mehr machen. Die Leute werden es nicht akzeptieren. Bei einem Kampfkunstfilm verlangen die Fans heutzutage, dass die Schauspieler die Action auch wirklich selbst machen.«

Doch Sandy schlug zurück: »Es ist zu viel für dich. Du wirst die Sache nicht durchziehen können.« Also gab ich ihm eine kleine Demonstration jeder Figur, sprang durch den Raum, redete mit verschiedenen Stimmen und trat gegen Stühle und Wände. Das zeigte Wirkung, Sandy gab auf: »In Ordnung! In Ordnung! Aber die Rolle des Mädchens kannst du auf keinen Fall übernehmen!«

Kam Yuen wurde als Kampchoreograph unter Vertrag genommen und übernahm eine der Rollen. Wir begannen, Kämpfer vorsprechen – oder vielmehr vorkämpfen – zu lassen. Ich intensivierte mein Training noch mehr. Wir waren auf dem Weg.

Bei Filmen braucht man Doubles für alles und die stumme Flöte würde eine Menge Action mitmachen müssen. Deshalb fertigte ich drei identische Flöten an, jede mit einer Länge von etwa eineinhalb Metern. Auf diese Weise konnte man sie auch als Stock verwenden. Eine wurde im Kampf zerstört, eine schenkte ich dem Regisseur und eine habe ich immer noch.

Zu dieser Zeit war Joe Lewis, der legendäre Karatekämpfer (und vierfache Weltmeister), gerade dabei, sich als Schauspieler auszutoben. Es war im Gespräch, ihn Cord spielen zu lassen. Als unglaublich gut aussehender Mann wollte er allerdings nicht riskieren, dass sein Gesicht etwas abbekam. Als Vollkontakt-Karate in Mode kam, gewöhnte er sich an, die meisten seiner Gegner innerhalb von etwa zwanzig Sekunden zu besiegen. Er fühlte nicht erst lange vor, sondern ging direkt mit K.-o.-Tritten und -Schlägen auf seinen Widersacher los und hielt den Angriff genauso brutal aufrecht wie dafür nötig war, seinen Gegner jetzt und sofort auf die Matte zu schicken. Er erzählte mir einmal, dass er sich immer so beeile, weil er schnell zur Siegesparty übergehen und dort ein paar Frauen treffen wolle.

Als Joe sich vom Wettkampf zurückzog, verdrehtem ihm eine Zeit lang die bösen Verlockungen des Showbusiness den Kopf. Das passiert den meisten von uns. Er verlor etwas von seiner Schönheit und seiner Liebenswürdigkeit, doch er richtete sich wieder auf und besiegte die Dämonen, so wie er es immer tat und immer tun wird.

Im erstaunlichen Alter von einundvierzig Jahren feierte er ein kurzes Wettkampfcomeback, bei dem er einige der zähen jungen Kämpfer auf die Bretter schickte, bevor er wieder ins Land der Giganten abdriftete.

Wie sich herausstellen sollte, bekam er tatsächlich die Rolle des Cord – auf gewisse Weise. Am Ende der Produktion entschied Sandy, dass wir den Film mit ein paar zusätzlichen Actionszenen aufpeppen müssten. Teil seines 110-Prozent-Systems. Jeff war nicht verfügbar, also setzte sich Joe Lewis eine langhaarige Perücke auf und sprang für ihn als Cord ein. Es war ein erschreckendes Erlebnis, diese Muskelmasse durch die Luft auf mich zufliegen zu sehen … mit der Geschwindigkeit eines Güterzugs.

Joes Fähigkeit, einem Schlag auszuweichen, ist erstaunlich. Einmal sah ich ihn – Kopf vornüber – einen Fall vollführen, bei dem er sich fast den Schädel an einem Stück Stahl aufgeschlagen hätte, das mitten in seine »Flugbahn« ragte. Er machte einen Salto in der Luft, knapp am Stahl vorbei, und landete in Hockstellung direkt unter ihm. Ich fragte ihn, wie es möglich war, dass er sich derart schnell bewegen konnte – noch dazu in der Luft, ohne einen Fuß auf dem Boden zu haben. Joe zuckte mit den Achseln und sagte: »Na ja, ich musste schon so vielen Schlägen ausweichen …«

Joe ist ein lieber Kerl, wenn er einem nicht gerade den Schädel zertrümmert, und wir kamen wirklich gut miteinander aus.

Ich hatte immer noch Probleme, Sandy für Jeff Cooper zu gewinnen. Ich wusste, er war die richtige Wahl für Cord. Im wirklichen Leben hatten wir seit Jahren abwechselnd die Rollen von Lehrer und

Suchendem übernommen, weshalb es nur ganz natürlich erschien, dies auf Film fortzusetzen; doch Sandy kaufte es uns nicht ab.

Eines Tages trafen wir uns alle in Kams Schule zu einer Kraftübung und -demonstration. Es waren viele Kämpfer dort, die ihr Zeug vormachten. Jeff und ich mischten uns unter sie. Wir fingen ganz locker an, ich probierte ein paar Formen des Affenkönig-Stils an ihm aus. Doch plötzlich wurde die Sache ernst und als wir auseinandergingen, bluteten beide von uns. Sandy war überzeugt. Es stand also fest. Jeff Cooper war Cord. Ich war alle anderen.

Immer ganz der einsame Wolf, entschied sich Jeff, an einem anderen Ort zu trainieren, um seinen völlig eigenen Stil zu entwickeln. Cord soll ein zäher, rauer Rebell eines Kämpfers sein, also trainierte Jeff eine Weile in einer Art Kung-Fu-Outlaw-Bikerschuppen, wo er sich am Sandsack austobte und eine Menge Vollkörperkontakt übte. Dann entdeckte er schließlich Mike Vendrell. Mike Vendrell hat, soweit ich weiß, keinen dokumentierten Kung-Fu-Hintergrund. Er studierte die Kunst seit seiner Kindheit ohne klar erkennbaren Lehrer. Mike brannte darauf, Teil dieses Films zu werden. Ich lernte ihn über Jeff kennen. Anfangs war unsere Verbindung rein gesellschaftlich, hauptsächlich auf Neugier begründet. Er erzählte mir von seinen Ambitionen, ein Stuntman zu werden. Da er LKW-Fahrer war, nahm ich ihn zu meinem nächsten Film (einer Motorrad-Story namens *Fast Charlie, the Moonbeam Rider*[8], die in Oklahoma gedreht wurde) als meinen Chauffeur mit. Ich sagte ihm, ich würde ihn mit den Stuntleuten bekannt machen, die ich größtenteils schon von anderen Drehs ziemlich gut kannte, und der Rest läge dann bei ihm.

Während des Films übte ich zwanglos mit Mike. Sein Training war fast immer auf Sparring aufgebaut. Er passte seinen Stil an meinen an, arbeitete an meinem Grad des Könnens, hob mich dann allmählich auf höhere Niveaus, wechselte schnell zwischen den Stilen und redete die ganze Zeit – schmeichelnd, neckend, drohend, lobend, forschend, Geschichten erzählend, philosophierend.

Mike erteilte mir zwei sehr wirkungsvolle Lektionen: einmal darin, meine eigenen Tierformen zu erfinden; die andere war eine starke Konzentrationsübung für die spezielle Entwicklung der Kraft des Qi.

---

[8] dt.: *Der rasende Charlie* (Anm. des Übersetzers.)

Es stellte sich heraus, dass Steve Carter, der Regisseur, ein echter Kerl war. Er mochte Mike und gab ihm seine Chance. Mikes erster Stunt war, per Motorrad in einen Heuballen zu krachen. Da er noch nie auf einem Feuerstuhl gesessen hatte, fiel ihm das mit dem Hineinkrachen nicht wirklich schwer; als eher kritischer Teil stellte sich vielmehr dar, wieder an einem Stück aus der Sache herauszukommen. Er schaffte es und erwies sich dann auf andere Art nützlich. Mike ist so was wie ein Arzt. Mehr als einmal sah ich ihn eine Verletzung auf der Stelle verschwinden lassen. Für eine solche Sache gab es bei *Moonbeam Rider* mehr als ausreichend Bedarf.

Er hat heilende Hände und ist geschickt in Reflexologie, Massage, der Bearbeitung von Gelenken sowie anderen kurierenden Therapieformen. Dazu gehören unter anderem eine passive Ausrichtung des Skeletts, ähnlich der »Alexander-Technik«, und eine »Gong«-Therapie, bei der massive Bronzeglocken verschiedener Tonart rund um den Körper der Versuchsperson positioniert und dann abwechselnd in Mustern und Zyklen angeschlagen werden, die dazu gedacht sind, Blockaden zu lösen und das Qi zu begradigen. Das Erstaunliche an all diesen Sachen ist, dass sie wirklich funktionieren. Falls es Ihnen schwerfällt das zu glauben, haben Sie genau die richtige Vorstellung von Mikes Art; er ist schwer zu glauben! Ich habe ihn den *Dim Mak* – oder die »Berührung des Todes« – abbekommen und überleben sehen.

Mike bekam seine Nennung als Stuntman bei dem Film und schaffte es in *The Silent Flute*. Er ist heute ein Stuntkoordinator von hervorragendem Ruf, unter anderem hat er Arnold Schwarzenegger Kung Fu beigebracht.

10. DEATHSPORT

*Lassen sie sich von der Tatsache,
dass David Carradine in diesem Film
umwerfend ist, nicht dazu verleiten
ihn sich anzusehen.*
– Hollywood Reporter

Nach *Moonbeam Rider* musste ich noch eine letzte vertragliche Verpflichtung bei Roger Corman erfüllen, bevor ich mich wieder *The Silent Flute* widmen konnte. Es ging darum, eine Art Fortsetzung zu *Deathrace 2000* zu drehen. Sie war als futuristischer Schwertkampf-Motorrad-Film angelegt und wurde ein ziemliches Fiasko.

Die Beziehungen waren gespannt. Dann verließ Nick Niciphor (der Autor und Regisseur) den Film nach der Hälfte des Drehs und ließ Rogers junge und unerfahrene Lehrlinge zurück, um ihn fertigzustellen.

Einen weiteren großen Dämpfer bekam die Sache verpasst, als ich etwas unsanft von einem Motorrad »abstieg« und mir ein Band in meinem rechten Knie zerrte. Der orthopädische Chirurg meinte, dass es sich um einen bleibenden Schaden handeln würde und ich dem Bein komplette Ruhe gönnen müsse. Ich machte ihm klar, dass ich mitten in den Dreharbeiten zu einem Actionfilm war und am Nachmittag wieder auf dem Motorrad zu sitzen hatte. Also pumpte er mich mit Kortison und Schmerzmitteln voll, gab mir eine Stütze für das Knie, und ich ging zurück an die Arbeit. Doch wie würde es mir nun möglich sein, *The Silent Flute* zu drehen?

Als Kam von meiner Verletzung erfuhr, brachte er mich zu Leo Wang. Leo Wang ist ein Wing-Chun-Meister. Er ist klein, sehr stark und sehr vital. Außerdem hat er die Fähigkeit, viele verschiedene Stile und Tiere zu imitieren. Ich machte später einen seiner Kurse mit. Nur kurz, doch die Prinzipien, die er mir beibrachte, werden mir immer verinnerlicht bleiben.

Leo untersuchte mein Knie und sagte: »Oh. Band. Sehr schwer zu heilen. Manchmal nie mehr so wie vorher.« Das hörte sich zumindest schon um einiges besser an als »bleibende Verletzung«. Er behandelte mich mit Kräutern und Massagen. Ich nahm DMSO (Medizin für

Rennpferde) und betrieb Agni Yoga – oder »Lebendige Ethik«, wie es heute heißt – eine Form stärkender Meditation. Das Knie fing sofort an, besser zu werden, deshalb rief ich ein schönes Mädchen an, das ich kannte und das auch diese Yoga-Art trainierte. Wir meditierten zusammen, während sie mich mit den Kräutern massierte. Diese Behandlung funktionierte ziemlich gut und sie half definitiv dabei, mir die lange Zeit zu vertreiben.

Das Band heilte schließlich vollständig, doch es dauerte über ein Jahr. Ich musste *The Silent Flute* also mit angelegter Kniestütze drehen.

Unser einziges Problem stellte noch der Regisseur dar. Wir drehten uns bei dieser Sache ständig im Kreis. Ich war für James Coburn. Er wusste mehr über *The Silent Flute* als jeder andere. Er hatte Köpfchen, die künstlerischen Fähigkeiten und wollte es gerne machen, aber die Vorstellung des Schauspielers, der zum Regisseur wird, hatte sich zu dieser Zeit in Hollywood noch nicht behaupten können. Aus verschiedenen Gründen blieb von einer sehr langen Liste möglicher Kandidaten letztlich Richard Moore übrig, ein preisgekrönter Aufnahmeleiter, der gerne Regie führen wollte. Er war mit Eifer bei der Sache, aufgeschlossen, technisch fähig (um es gelinde auszudrücken) und – als finanziell mehr oder weniger Unabhängiger – dazu bereit, preiswert zu arbeiten.

Währenddessen hielt es Sandy Howard – aus Gründen, die sich mir nie erschlossen – für nötig, das Drehbuch überarbeiten zu lassen. In meinen Augen war es perfekt, so wie es war. Stanley Manne, ein Autor von exzellentem Ruf, wurde hinzugezogen.

Meiner Einschätzung nach dürften Stanleys hauptsächliche Beiträge ein Streit zwischen dem Bootsverleiher und seiner Frau (in den alten Legenden ist der Bootsverleiher der Buddha und daher eher unwahrscheinlich mit einer nörgelnden Frau verheiratet, aber egal) sowie der Mann im Öl (gespielt von Eli Wallach) gewesen sein, der in einem riesigen Topf voll Öl steht, in welchem er versucht, seine Genitalien aufzulösen um jegliches Verlangen loszuwerden.

11. DIE VIERTE PRÜFUNG

Himmel und Erde sind rücksichtslos.
– Laozi

Die Dreharbeiten fingen Ende 1977 in Israel an. Wir tauchten mit großem Aufgebot in Tel Aviv auf. Kam hatte für den Film ein gutes Dutzend Martial Artists zusammengetrommelt. Die Crew war israelisch und britisch, Produzent und Regisseur waren amerikanisch. Wir drehten an Orten von wichtiger historischer und religiöser Bedeutung. Ich habe es immer so empfunden, dass diese Bedeutung es irgendwie schaffte, ein Teil des Films zu werden.

Zum Beispiel gab es da eine jahrtausendealte Festung, die den Pass zwischen Tel Aviv und Jerusalem bewacht. Dieser Pass wurde im Laufe der Zeit von vielen verschiedenen Splittergruppen der diversen heiligen Kriege kontrolliert. Manchmal für Hunderte von Jahren, manchmal auch nur für einen Tag. Das ließ sich an den vielfältigen Architekturstilen sehen, in denen die Festung gebaut, verstärkt, repariert und erweitert worden war: phönizisch, persisch, türkisch, kreuzfahrerisch, ägyptisch, englisch.

Nachts drehten wir im von Feuerschein erhellten Hof der Burg einen Kampf bis auf den Tod zwischen dem blinden Meister, bewaffnet mit der stummen Flöte, und acht Gaunern. Israelische Soldaten tauchten leise auf und verschwanden wieder. Bewaffnet und in Uniform standen sie auf den uns umgebenden Mauern, schauten eine Weile zu und zogen dann zurück in ihren heiligen Krieg. Im Staub unter uns befand sich das Blut von drei- oder viertausend Jahren voller Angreifer und Verteidiger.

Die stumme Flöte, die beste der drei, zerbrach während dieses Kampfes.

In der Geschichte von *The Silent Flute* verlässt der Suchende wiederholt den von ihm gewählten Weg, um seinem Meister zu folgen. Er kann ihn jederzeit finden, indem er dem Klang der Meditationsflöte lauscht, die dieser spielt. Die Flöte ist außerdem der Stock des Lehrers und seine Waffe. Als Cord, der Suchende, seinem Meister nachgeht, wird er – scheinbar zufällig – durch drei Prüfungen geführt. Die drei

65

Prüfungen stellen Dinge in ihm selbst dar, die er überwinden muss. Nummer eins ist die Bestie, die in uns allen lebt. Nummer zwei ist der Tod. Nummer drei ist der Einfluss der »Erdenmacht«, die den Geist des Suchenden weltgebunden und seine Ziele unangemessen werden lässt.

Während des Fortschreitens stolpert der Suchende über eine vierte Prüfung, die die schwierigste von allen ist. Er muss, durch große Qual, die kurzlebige und unerreichbare Natur der Liebe zwischen Mann und Frau erfahren.

Als Cord endlich das Buch entdeckt, das das Wissen beinhaltet, nach dem er sucht, stellt er fest, dass alle Seiten leer sind. (Im Film sind sie Spiegel.) Er kehrt dem ewigen Luxus, der ihm angeboten wird, den Rücken und zieht weiter, sich selbst einer endlosen Suche verschreibend.

David Carradine als Ah Sahm, der blinde Meister, in
Das Geheimnis des blinden Meisters (The Silent Flute).
Foto von Eli Ben-Ari.
© 1978 Abco-Embassy Films.
Alle Rechte vorbehalten.

12. DER WOLF

Wenn der Berufene über seinen Leuten stehen will,
so stellt er sich in seinen Reden unter sie.
Wenn er seinen Leuten voran sein will,
so stellt er sich in seinem Ich hintan.
– Laozi

Mit *The Silent Flute* im Kasten kehrte ich zu meinem Leben als Filmschauspieler zurück, wo ich mich den Studien der Künste immer weniger widmete. Obwohl ich die Freundschaft mit Shifu Kam Yuen aufrechterhielt, driftete ich allmählich von der Kampfkunstgemeinde ab.

Trotzdem konnte ich der Kunst nicht völlig entkommen.

Kung Fu war an Sender auf der ganzen Welt verkauft worden und beliebter denn je. Egal wo – die Leute wollten überall mit mir reden. Sie fragten alle die gleiche alte Frage: »Kannst du wirklich Karate?« Und eine neue: »Wirst du jemals weitere Folgen machen?« Ich fing an, darüber nachzudenken.

Es schien keine schlechte Idee zu sein. Die *Star-Trek*-Filme liefen zu dieser Zeit gut und ich konnte einige Parallelen sehen. Das einzige Problem war, dass ich mir mit fortschreitender Zeit nicht mehr sicher war, ob ich mich noch daran erinnern würde, wie man die Rolle des Caine spielte. Trotzdem kam mir langsam, ohne dass ich es wirklich darauf anlegte, die Idee zu einer Geschichte, zu so etwas wie *Der Sohn des Kung Fu*.

Während ich darüber nachdachte, ging ich nach New York, um eine Ausgabe von *Saturday Night Live* zu moderieren. Wir machten einen Sketch, bei dem Caine durch Harlem wandert und auf der Suche nach einem Schluck Wasser in ein Geschäft für Herrenmode geht. Eddie Murphy versucht, ihm ein paar coole Klamotten zu verkaufen, und Meister Po spricht zu ihm durch einen Spiegel. Dann tritt er den Laden in Zeitlupe zu Stücken und zerpflückt eine Schaufensterpuppe. Da die Sache ein Spaß sein sollte, fühlte ich mich vollkommen frei, alles auszuprobieren. Ich entdeckte, dass der Charakter von Caine zu mir zurückkehrte, als ob wir nie getrennt gewesen wären.

Radames Pera, der in der Serie den jungen Grünschnabel gespielt hatte, war mittlerweile erwachsen geworden und lebte in New York.

Eines Abends gingen wir zusammen essen. Überall im Restaurant baumelten mit Helium gefüllte Ballons von der Decke. Wir nahmen uns welche, atmeten etwas von dem Helium ein und sagten Zeilen aus *Kung Fu* mit Micky-Maus-Stimme. Dann ließen wir uns nieder und sprachen über die Idee, die ich für den Film hatte. Es stellte sich heraus, dass Radames ebenfalls eine sehr ähnliche Story-Idee gekommen war. Wir beide dachten, dass der Film in China spielen sollte. Ich war der Meinung, dass es großartig wäre, wenn wir ihn auch tatsächlich dort *drehen* könnten. Ich erinnerte mich an Jim Weatherill, der einmal von seiner Sehnsucht erzählt hatte, eine Aufnahme von Caine zu sehen, wie er seine Flöte neben der Chinesischen Mauer spielt.

Am nächsten Morgen schrieb ich heliumverkatert alle Ideen auf einer Serviette nieder.

Als ich zurück nach Kalifornien kam, sprach ich mit Warner Bros. darüber und nach einigem Zögern entschied man sich, ein Drehbuch auf Grundlage unserer Story zusammenzubasteln.

Plötzlich war ich zurück im Spiel. Ich fing an, wieder ernsthaft zu trainieren und verbrachte viele Stunden, Tage und Wochen mit dem Drehbuchautor. Ich lieh ihm Bücher und erzählte ihm Geschichten, die meine Ideen für *Kung Fu – Der Film*, wie wir es nannten, veranschaulichen sollten.

Etwa zu dieser Zeit beendete ich die Einsamkeit einer toten Ehe (mit der gleichen Frau, mit der ich den Schlüssel zum Kwoon am Mulholland Drive verloren hatte). Ich freundete mich mit Gail Jensen an, der Tochter eines Farmers, die meine Partnerin fürs Leben sowie dritte und letzte Ehefrau werden sollte.[9] Sie erzählte mir, dass ein alter Freund von ihr, Steve Carver, einen Film mit Chuck Norris drehe. Ich erinnerte mich an *Moonbeam Rider* zurück, bei dem Steve Regie geführt hatte, und dachte: »Perfekt!«

Wir gingen zu Orion Pictures und sprachen mit Steve und Mike Metavoy (der Vorsitzende von Orion), den ich von *Bound for Glory* kannte. Mike sagte: »Was würdest du davon halten, einen Streifen mit Chuck Norris zu drehen?« Der Film hieß *McQuade, der Wolf*.

---

[9] ... zumindest bis zur Fertigstellung der amerikanischen Originalausgabe dieses Buchs, 1990. David Carradine hat im Dezember 2004 zum fünften Mal geheiratet. (Anm. des Übersetzers.)

Ich entgegnete: »Wann kann's losgehen?« Bei einem Film mit Chuck ließ sich gut herausfinden, ob ich noch den richtigen Biss hatte.

Ich fing an, jeden Morgen mit Rob Moses zu trainieren, einem von Kam Yuens ehemaligen Ausbildern. Rob war schlichtweg der beweglichste Martial Artist, den ich je gesehen hatte, und er konnte all die Stile, die mittlerweile zu meinen alten Freunden geworden waren. Morgens trainierte ich also mit Rob und an den Nachmittagen studierte ich Wettkampf-Karate-Techniken mit P. J. Lee.

Mir ist nur sehr wenig über P. J. bekannt. Er war Karatekämpfer in Europa, bis er aufgrund einer Verletzung dieses harte Geschäft verlassen musste. Als ich ihn traf, war er Teilhaber einer Shotokan-Schule und der leitende Rausschmeißer eines wirklich rauen Nachtklubs in Hollywood. Mein Bruder Mike war Rausschmeißer bei dem gleichen Schuppen und ebenfalls Schüler von P. J.

Ich dachte, wenn ich gegen Chuck antrat, wäre es von Vorteil, etwas über Wettkampfkarate zu wissen. Es stellte sich jedoch heraus, dass sie keine Erweiterung war, sondern schlicht und einschränkend. Rigoros, hart und schnell, das gebe ich zu, doch die Rausschmeißertechniken waren eigentlich interessanter – spontan, plötzlich, einfallsreich und offensichtlich nötig fürs Überleben. Real.

P. J.s Unterricht war der anstrengendste, den ich je über mich ergehen lassen musste. Die Stunden begannen mit anspruchsvollen Gymnastikübungen und gingen dann über zum Training von klassischen Techniken, Sandsackarbeit, Sparring und Karate-Kampfkombinationen. Und das alles in halsbrecherischer Geschwindigkeit.

Ich tauchte am Set in El Paso in großartiger Form auf und stürzte mich in die Arbeit. Chuck bringt immer mehrere Kämpfer mit. Viele davon sind noch aus der Zeit übrig, als er eine Reihe von Chuck-Norris-Schulen hatte. Ich trainierte drei Wochen lang täglich mit ihnen und choreographierte dabei die Kämpfe. Steve Carver lief mir eines Nachmittags über den Weg und erzählte mir, er hätte gehört, dass ich ein paar großartige Sachen machen würde. Das schien ihn zu überraschen. Ich sagte: »Tja, Steve, ich bin tatsächlich nicht komplett unvorbereitet zu euch gekommen.« Nach Jahren in einer wöchentlichen TV-Serie über Kampfkunst hatte ich schließlich mehr von diesen Kämpfen hinter mir als sonst irgendjemand auf der Welt ... und zum Glück alle von ihnen relativ schmerzfrei überstanden.

Chuck erschien nie zu unseren Übungsstunden. Das erste Mal, das ich mit ihm trainierte, war an dem Tag, an dem wir mit dem Filmen des Kampfes anfingen. Er stellte sich als jemand heraus, mit dem es sich sehr leicht arbeiten ließ. Reibungslos und vollkommen professionell. Na ja, ich hatte es auch nicht anders erwartet. Schließlich war er ein echter Kerl. Chuck, dessen echter Name Carlos ist, ist ein frommer Christ. Er raucht und trinkt nicht, mit Ausnahme eines gelegentlichen Bierchens. Er trainiert zweimal täglich, morgens und abends. Er ist ein sehr angenehmer und freundlicher Mann, aber etwas lustlos. Bekommt er allerdings auch nur einen Tag lang sein Training nicht, kann es in seiner Gegenwart fast zu aufregend sein. An solchen Tagen sollte man ihm lieber aus dem Weg gehen, denn er braucht das Ventil des Trainings, um Dampf abzulassen.

Chucks Bruder Aaron arbeitet bei den Filmen Hand in Hand mit ihm. Sie könnten einander nicht unterschiedlicher sein. Aaron ist mächtig, fast schon dick, ein guter Trinker und ein Spaßvogel, der gern Streiche spielt. Er ist ein talentierter Martial Artist, wenngleich kein so hingebungsvoller wie Chuck.

Chuck und ich hatten viel Spaß beim Dreh der großen Kampfszene des Films. Ich wollte eigentlich ein paar der Karatekombinationen verwenden, die ich von P. J. gelernt hatte, doch am Ende landete ich wieder bei meinem nördlichen Shaolin- und Gottesanbeterinnen-Kram. Durch die Gegensätzlichkeit unserer Stile wurde der Kampf mit Chuck zu einem echten Klassiker und vielleicht zum besten der vielen Kämpfe, die ich machte.

Wir brauchten vier Tage, um diesen Kampf abzudrehen, und am Ende tat uns alles so weh, dass wir herumhumpelten wie kleine alte Männer. Mein ruiniertes Band meldete sich wieder und Chuck hatte sich einen Muskel in der Leistengegend gezerrt, was ihm seinen berühmten Fliege-Rückwärtsdreh-Fersentritt sehr schmerzhaft machte. Trotzdem genossen wir beide jede einzelne Minute.

Zu dieser Zeit gab es in den Medien jede Menge Schwachsinn darüber, dass wir angeblich nicht miteinander klarkommen würden. Nichts hätte weiter von der Wahrheit entfernt sein können. Angeblich gab es ein langes Hin und Her darüber, wer den Kampf im Film gewinnt, da eine Klausel in meinem Vertrag festlegte, dass ich im Hand-zu-Hand-Kampf mit Chuck nicht besiegt werden durfte. Meine Leute hatten diese Regelung ausgehandelt, weil sie mein Image schützen wollten.

Am Ende wurde der Filmkampf nie entschieden. Wir wechselten an einem bestimmten Zeitpunkt zu Schusswaffen über und dann jagte mich Chuck mit einer Handgranate in die Luft. Tatsächlich musste Chucks Figur das Meiste einstecken, so wie es in seinen Filmen stets sein Stil ist. Er wird immer erst fast zu Tode geprügelt und kommt dann mit einem unerwarteten Energieschub knallhart zurück. Angeblich gingen die Anwälte mit Stoppuhren zu einer Vorführung des Rohschnitts. Die längste Zeit, die ich am Boden war, war vier Sekunden. Chuck war sieben Sekunden unten, es ist also mehr oder weniger eine Sache der Interpretation, wer diesen Kampf gewonnen hat.

Für mich war die Hauptsache, dass der Kampf toll aussah. Die Momente, in denen ich getroffen werde, waren eine meiner besten schauspielerischen Leistungen. Mit meinem sich beim Herumreißen verformenden Gesicht und dem Sprühnebel aus Schweiß war es sogar für *mich* kaum zu glauben, dass Chuck mich nicht wirklich berührte. Es sah wie ein echter Preiskampf aus. Etwas Derartiges hatte ich noch nie zuvor in einem Film gesehen. Nicht für alles auf der Welt hätte ich diese Szenen herausgeschnitten.

Die ganze Sache, einschließlich der Idee eines Gerichtsverfahrens, war ein Werbegag, um mehr Eintrittskarten zu verkaufen. Er funktionierte ziemlich gut. *McQuade* war mit großem Abstand der bis dahin erfolgreichste Chuck-Norris-Film. Und während die Anwälte und Werbeleute es unter sich ausfochten, lehnten Chuck und ich uns bei einem Bier gemütlich zurück. Er mochte Pearl, ich bevorzugte Lone Star.

Es gab ebenfalls Gerüchte, dass Chuck mir die Nase gebrochen hätte oder ich ihm. Tut mir leid, alle enttäuschen zu müssen, aber wir haben uns nie berührt. Wir waren perfekte Gentlemen. Meine Nase war insgesamt viermal gebrochen, aber nie wegen Chuck Norris.

Ich habe großen Respekt vor Chuck, und er vor mir. Chuck meint, ich wäre in etwa ein so guter Martial Artist, wie er ein Schauspieler ist.

David Carradine in McQuade, der Wolf.
© 1983 Orion Pictures Corporation.
Alle Rechte vorbehalten.

Klassisches Aufeinandertreffen von Karate und Kung Fu in McQuade, der Wolf:
Chuck Norris, vierfacher Weltmeister, klare, kräftige, feste Stellung;
David Carradine, freier und fließender nördlicher Shaolin-Stil.
© *1983 Orion Pictures Corporation.*
Alle Rechte vorbehalten.

13. SCHWERT UND ZAUBEREI

In einer verrückten Welt
sind nur die Verrückten bei Verstand.
– Akira Kurosawa

Warner Bros. hatte sich bei der Arbeit an *Kung Fu – Der Film* festgefahren, also sah ich mich nach einer anderen Möglichkeit um, mein neu erwachtes Interesse an Kampfkunst einzusetzen. Sie kam in Form meines alten Freundes Roger Corman. Er schickte mir das Drehbuch zu *Cain of Dark Planet*, einem Schwertkampffilm, der auf einem anderen Planeten spielt. Er sollte in Argentinien gedreht werden und war im Grunde ein Remake von *Yojimbo*, dem Samuraifilm des großartigen japanischen Regisseurs Akira Kurosawa. Ich rief Roger an und sagte ihm, dass ich das Drehbuch liebte; doch was wäre mit dem *Yojimbo*-Faktor? Roger meinte: »Ja, es ist *Yojimbo* ziemlich ähnlich.«

Ich erwiderte: »Das ist *Yojimbo* nicht *ähnlich*. Das *ist Yojimbo*.«

Roger sagte: »Lass mich dir eine Geschichte erzählen. Als *Für eine Handvoll Dollar* in Tokio anlief, riefen Kurosawas Freunde bei ihm an und sagten: ›Sieh dir diesen Film an!‹

Kurosawa antwortete: ›Ja, ich habe gehört, dass er *Yojimbo* ziemlich ähnlich sein soll.‹

›Nein, er ist *Yojimbo* nicht *ähnlich*; er ist *Yojimbo*. Du musst diese Leute verklagen!‹

›Ich kann sie nicht verklagen‹, antwortete er.

›Warum nicht?‹

›Weil‹, gab Kurosawa zu, ›*Yojimbo* Hammets *Red Harvest*[10] ist.‹«

Ich ließ mich darauf ein.

Der Titel wurde letztlich in *The Warrior and the Sorceress*[11] geändert. Das war seltsam, da es im Film gar keine Zauberin gibt, sondern nur eine Priesterin. Roger meinte, die Marktforschung hätte ergeben, dass sich durch den neuen Titel mehr Eintrittskarten verkaufen ließen.

Als ich in Argentinien für die Dreharbeiten eintraf, wurde ich darüber informiert, dass ein gewisser Anthony de Longis den Bösewicht

---

[10] dt.: *Rote Ernte*; ein Roman von Dashiell Hammet (Anm. des Übersetzers.)
[11] dt.: *Der Krieger und die Hexe* (Anm. des Übersetzers.)

spielen und die Schwertkämpfe choreographieren sollte. Ich hegte einen Groll gegen Tony, der noch aus der Zeit von *The Silent Flute* stammte. Deshalb fragte ich: »Wenn ich in Argentinien jemanden aufgrund einer Blutfehde töte, was geschieht mit mir?«

Ich bekam als Antwort: »In Argentinien? Kein Problem.«

Wie sich herausstellte, wurden Tony und ich Freunde, und ich musste meinen Groll begraben.

Nach drei Tagen Dreh brach ich mir an fünf Stellen die rechte Hand. Dadurch hatte der Film für mich den zusätzlichen Vorteil, dass ich lernte, linkshändig mit einem Schwert umzugehen.

Aus irgendwelchen Gründen schien jeder in Argentinien mit mir kämpfen zu wollen. Ich war gezwungen, einige Herausforderungen anzunehmen. Es handelte sich immer um Punks, die Situationen wurden also nie lebensbedrohlich, selbst mit gebrochener rechter Hand nicht. Es brauchte niemals mehr als ein paar Bewegungen, um mich der Drohungen zu entledigen. Ich tat diesen Pilgern nicht weh, machte sie nur unschädlich, schüchterte sie vielleicht ein wenig ein. Eines der praktischen Dinge an der Beherrschung von Kampfkunst ist, dass wirklich gefährliche Kämpfer nur selten den Drang verspüren, sich vor dir beweisen zu müssen. Auf jeden Fall schienen diese Vorfälle mein Image in Argentinien zu polieren. Und zwischen all den Herausforderungen wurde auch noch dieser tolle Linkshändiger-Schwertkampf-Film geschaffen.

Da die Geschichte auf einem anderen Planeten spielte, dachten wir uns, dass das Fechten so aussehen sollte wie etwas, was noch nie jemand zuvor gesehen hatte. Also erarbeiteten Tony und ich einen besonderen Stil. Es war eine Kombination aus klassischem französischem Fechten, Taekwondo, Kung Fu, philippinischem Stockkampf und einigem Kram, den wir selbst erfanden.

Der Film lief gut, obwohl ihn nie sehr viele Kinos zeigten, was vor allem an der Entscheidung des Regisseurs lag, die Priesterin mit einem Oben-ohne-Outfit zu kostümieren. Überall, wo man hinsah, war diese halbnackte Frau. Da der Film sich vor allem an Kids richtete, sorgte das Diktat der Zensur dafür, dass er sein Publikum nie wirklich erreichte. Auf Video wurde er allerdings ein Hit.

Falls Sie die Chance dazu bekommen, sollten Sie mal einen Blick riskieren. Wenn nicht wegen der halbnackten Priesterin, dann wegen des außergewöhnlichen linkshändigen Fechtens. Ich töte in dem Film zweiundfünfzig Leute und benutze jedes Mal eine leicht andere esoterische Klingentechnik.

David Carradine in Der Krieger und die Hexe.
© 1984 Concorde-New Horizons Corp.
Alle Rechte vorbehalten.

14. DAVID ALS LEHRER

Andere zu besiegen erfordert Kraft.
Sich selbst zu besiegen erfordert Erleuchtung.
– Laozi

Wieder zurück in Kalifornien wartete Shifu mit einigen Aufgaben auf mich. Er wollte, dass ich dieses Buch schreibe, und er wollte eine Videokassette machen, die die Leute in die Kunst des Kung Fu einführen würde. Eigentlich sollten es zwei Kassetten werden: eine über Kung Fu und eine über Tai Chi. Ich sollte der Lehrer sein, deshalb stellte er mich seinen Partnern vor, die viel von Kampfkunst und nichts vom Filmemachen verstanden. Sie hatten allerdings eine Sache getan, die mich ihnen vertrauen ließ. Sie hatten Kent Wakeford als Kameramann engagiert. Kent war für die Kameraführung bei Martin Scorseses *Hexenkessel* verantwortlich und ist – meiner Meinung nach – einer der Besten.

Im Kung-Fu-Video halte ich an der Seite von Kam eine Unterrichtsstunde mit Dehnungen, Haltungen, Tritten und Faustschlägen, Atemtechniken und Kombinationsübungen (die ersten vier). Außerdem werden fünf grundlegende Tierstile gezeigt. Am Schluss des Bandes führe ich die Kombinationsübungen fünf bis acht vor, lehre sie allerdings nicht. Schließlich kann man nicht alles auf einmal in sich aufnehmen. Später werden wir noch ein fortgeschrittenes Video machen, das die Übungen fünf bis acht und die Lohan-Form präsentiert.

Das Tai-Chi-Video beginnt Shifu mit einer bemerkenswerten Vorführung der Kraft des Qi. Dann halten wir gemeinsam eine Unterrichtsstunde und geben eine Schritt-für-Schritt-Einweisung in die Tai-Chi-Form. Die Form wird zweimal von Kam und einmal von mir vorgeführt.

Die beiden Videos unterscheiden sich sehr in ihrer Art und ihrer Anwendung. Das Kung-Fu-Band ist energisch, manchmal anstrengend, potenziell herausfordernd. Das Tai-Chi-Band ist sanft und fließend, beruhigend aber trotzdem herausfordernd. Beide sind dynamisch und elegant. Eines für Männer und eines für Frauen, wenn man so will. Doch wir hoffen, dass die Öffentlichkeit die Fronten letztlich überqueren wird, von hart zu weich, vom Yin zum Yang.

Kam und ich fühlten, dass es für diese Filme einen wirklichen Bedarf gibt, schon allein, um eine Alternative zu dem Überangebot an geistlosen Übungsvideos zu bieten, die auf dem Markt sind. Obwohl niemand durch das Ansehen eines Videos zu einem Kung-Fu-Experten werden kann, bilden die Bänder doch eine ausgezeichnete Einführung in die Kunst. Hoffentlich verleiten sie den Suchenden dazu, einen Lehrer ausfindig zu machen und das Studieren fortzusetzen.

Noch eine letzte Bemerkung zu den Bändern: Es sind die einzigen Übungsvideos, die ich je gesehen habe, welche es wert sind, sie sich einfach nur gemütlich anzuschauen. Man muss die Lektionen eigentlich gar nicht mitmachen. Die Kassetten sind interessant und unterhaltsam. Denn alleine schon das Wissen, das in den Worten vermittelt wird, die die Übungen begleiten, ist informativ, lehrreich und erfüllend.

Die Videos sind so konstruiert, dass sie für Schüler jeglichen Lernniveaus wertvoll sind. Selbst ein Meister kann in ihnen noch einen Kern neuen Wissens entdecken.

David Carradine unterrichtet einen Schüler in der
nördlichen Gottesanbeterinnen-Form.

15. GRÜNSCHNABEL LEBT

*Eine Reise von tausend Meilen
beginnt mit dem ersten Schritt.*
– Laozi

Man entschied schließlich, *Kung Fu – Der Film* als einen Film fürs Fernsehen zu drehen. Ich hielt das für einen Marketing-Fehler. Mit einem Blockbuster-Film lässt sich eine Menge mehr Geld verdienen. Allerdings würde eine Fernsehsendung mehr Menschen erreichen und das Fernsehen war der Ort, an dem sich die Fans von Kwai Chang Caine befanden, also sagte ich ja.

Der Wechsel zum Fernsehen bedeutete, dass wir nicht in China drehen konnten, und erforderte eine umfassende Überarbeitung des Drehbuchs, was eine neuerliche Verzögerung mit sich brachte. Wir verloren auch Radames Pera. Das Studio hatte in seiner unendlichen Weisheit Bruce Lees Sohn Brandon dafür auserwählt, den Sohn von Caine zu spielen. Radames und ich bekamen für unsere ursprüngliche Story keinerlei Erwähnung in den Credits und man ließ mich nicht Jim Weatherill oder Herman Miller haben. Jerry Thorpe, Alex Beaton, Chuck Arnold und Richard Rawling waren nicht verfügbar. Man kann eben nicht immer das bekommen, was man will.

Während ich auf das überarbeitete Drehbuch wartete, befasste ich mich mit meinem Leben und machte damit weiter, den Einführungs-videos den letzten Schliff zu verpassen. Sie schienen noch etwas zusätzliches Filmmaterial zu benötigten, also bot ich mich für das Bezahlen ein paar zusätzlicher Drehs an. Die Arbeit am Schnitt lief nicht richtig und die Musik war nicht gut genug. Deshalb holte ich David Kern hinzu, den ich selbst geschult und der seitdem meine Fähigkeiten in diesem Bereich weit übertroffen hatte. Das Problem der Musik wurde gelöst, indem ich den Job meiner Frau Gail Jensen gab, die im Geschäft als sehr fähige Sängerin, Songschreiberin und Plattenproduzentin bekannt ist. Da ich das Projekt nun in guten Händen wusste, konnte ich mich beruhigt in die Philippinen begeben, wo *Behind Enemy Lines* (später zu *P.O.W. the Escape*[12] geändert) gedreht wurde.

---

[12] dt.: *P.O.W. – Die Vergeltung* (Anm. des Übersetzers.)

Ich musste die abschließende Vorproduktionsarbeit für *Kung Fu – Der Film* aus der Ferne von Manila aus erledigen. Trotzdem fühlte ich mich dabei sicher, denn Richard Lang war der Regisseur des Films und die Person, der ich – in Anbetracht der Tatsache, dass wir Jerry Thorpe nicht haben konnten – mit dem Material am meisten vertraute.

In *P.O.W.* gab es einige gute Kung-Fu-Kämpfe, deshalb kam ich bei Warner Bros. in perfekter körperlicher Verfassung an. Doch nach drei Tagen Dreh brach ich mir wieder die Hand. Ich erwartete, dass diese Neuigkeit Richard Lang nicht gerade erfreuen würde, doch er schaute mir bloß auf die Hand und sagte: »Das sollte die Sache interessanter machen.« Richard liebt die Herausforderung.

Das Drehen von *Kung Fu – Der Film* war ganz wie in guten alten Zeiten. Viele der Jungs von früher waren mit von der Partie: natürlich Keye Luke, Benson Fong, Roy Jensen, Kam Yuen, Mako, Mike Vendrell, Alan Fama, Jim Spahn. Es gab auch ein paar tolle neue Leute: Kerry Kean, Luke Askew, Bill Lucking, Martin Landau. Um die Sache noch etwas aufzupeppen, bekam meine älteste Tochter Calista ebenfalls eine Rolle. Wir lieferten eine hervorragende Show ab und das – wie Richard Lang am Ende des letzten Drehtages stolz bekannt gab – ohne einen einzigen Kameratrick.

Nach Ausstrahlung des Films wurde darüber gesprochen, eine neue Serie zu machen – eine modernisierte Version von *Kung Fu* mit Brandon und mir in den Rollen von Caines Ur- und Ururenkel. Sie sollte von dem Team produziert werden, das für *Ein Duke kommt selten allein* verantwortlich war. Ich sah schon Kung-Fu-Autocrashs vor mir und entschied mich, das Angebot abzulehnen.[13]

---

[13] Wie den Fans von David Carradine bekannt sein dürfte, wurde das Konzept in leicht abgewandelter Form ein paar Jahre später dann doch aufgegriffen. *Kung Fu – The Legend Continues* (deutsch: *Kung Fu – Im Zeichen des Drachen*) lief von 1993 bis 1997 in vier äußerst erfolgreichen Staffeln. (Anm. des Übersetzers.)

16. DIE ZWÖLF LEKTIONEN

Der Weise wird von dem geleitet,
was er fühlt, nicht dem, was er sieht.
Das Starke und Große steht unten.
Das Weiche und Schwache steht oben.
Wahre Worte klingen oft paradox.
– Laozi

Der Meister lehrt den Suchenden. So viel ich feststellen konnte, gibt es zwölf Lektionen. Jede von ihnen ist eine anerkannte Wahrheit in daoistischen, buddhistischen, hinduistischen oder indianischen Lehren.

1. Folge dem Herzen.
2. Es gibt keine Geheimnisse.
3. Lache über die Klugheit der Bestie, und die Bestie wird sich selbst besiegen.
4. Der Tod bedeutet nichts für den, der den Tod nicht fürchtet.
5. Liebe wird im Schmerz ihres Verlustes schließlich, zum ersten Mal, wirklich erlangt.
6. Du, du selbst, bist dein einziger Lehrer.
7. Güte ist Grausamkeit, Grausamkeit ist Güte.
8. Halte an, um wohltätig zu sein – egal, was es kostet –, und es wird Gewinn anstatt Kosten bringen. Wer der Empfänger ist, ist unwichtig.
9. Alles ist bereits passiert. Jeder und niemand war bereits hier. Und (ganz gleich, wie unverständlich es dir erscheinen mag) »das Universum breitet sich aus … so, wie es sollte« oder – um genau zu sein – so, wie es gar nicht anders kann.
10. Es gibt keine Preise, die es wert sind, sie zu haben.
11. Die endgültige Suche hat kein Ende; und diese Tatsache ist es, die der Suche ihren endgültigen Wert verleiht.
12. Binde zwei Vögel aneinander, und sie *können* fliegen, wenn sie eins werden.

Die ganze Sache ist ziemlich ungenau und willkürlich. Sie ist kaum wasserdicht; allerdings reicht »kaum« gerade aus. Sobald Sie diese Lehren verinnerlicht haben, wartet auf dem nächsten Weg schon wieder ein ganzer Satz neue auf Sie. Lektion Nummer elf, erinnern Sie sich? Erwarten Sie nicht, ein Ende dafür zu finden ... es gibt keins.

Das Überraschende, was ich nach der Fertigstellung von *The Silent Flute* feststellte, die Lehre, die ich daraus ziehen konnte – neben der Erkenntnis, dass ich noch eine gewaltige Menge zu lernen hatte und dass ich definitiv nicht Bruce Lee bin –, war, dass sich das wahre Wesen des Kung Fu nicht in Bruces Geschichte zeigt noch in irgendeiner anderen. Es liegt immer noch zum größten Teil im Dunkeln. Wie sich herausgestellt hat, ist nur ein kleiner Teil des Rätsels enthüllt.

Ein neues Projekt ist jetzt in Vorbereitung, das – wieder einmal – versuchen wird, dieses Ziel zu verwirklichen. Allerdings bin ich zu dem Glauben gelangt, dass keine Geschichte jemals die ganze Wahrheit umfassen kann. Ich denke sogar, dass sich mit Enthüllung dieser Wahrheiten das Wesen ändert und dadurch für immer unerreichbar bleibt. Dennoch ist es wichtig, es weiterhin zu probieren. Ich nehme an, es ist gutes Karma, und jedes Teil des Puzzles klärt einen Aspekt des Rätsels.

BUCH ZWEI
DIE WEISHEIT
AUS ALTER ZEIT

1. DIE GRUNDLAGE

*Der rechte Mann weilt beim Völligen
und nicht beim Dürftigen.
Er bleibt beim Sein
und nicht beim Schein.*
– Laozi

Kung Fu ist ein sehr altes Fitnessprogramm, mit dessen Hilfe sich die Menschheit ihres vollen Potenzials bewusst werden kann. Dies wird erreicht durch besseres Verständnis; durch das Lernen, sich höhere Grenzen und Standards zu setzen; durch das Übersteigen starrer und falscher Werte; sowie durch das Erlangen von Harmonie mit den Naturgesetzen und dem Universum. Kung Fu ist ein Training, das einem praktischen Zweck dient und zum Erlernen verbesserter Fähigkeiten führt, die dem Schüler ein Leben lang – und vielleicht sogar darüber hinaus – zur Seite stehen.

Der Drill des Shaolin-Kung-Fu dient dazu, uns in geistige Verbindung mit unserem physischen Selbst treten zu lassen, damit wir in unserem eigenen Körper nicht länger Fremde sind. Man findet in sich wahre Stärke und inneren Frieden, wenn Geist und Körper als Einheit arbeiten. Konflikte entstehen, wenn der Geist zu dominieren versucht und den Körper über dessen Grenzen hinausdrängen will. Wie kann von einem erwartet werden, mit anderen und der Natur auszukommen, wenn man die Fähigkeit verloren hat, in Harmonie mit sich selbst zu sein? Der Geist, der gegen den Körper arbeitet, schafft einen andauernden Zustand des Konflikts und Kampfes.

Der Zweck eines jeden Lernprogramms und einer jeden Selbstbestimmung ist es – letzten Endes –, die Qualität des Daseins zu verbessern. Jeglicher andere Wert ist diesem Hauptziel untergeordnet: Nutzen. Frieden und Ruhe sind von Nutzen. Anspannung und Belastung sind es nicht. Anfangs wird der ruhige Schüler vielleicht nicht so viel erreichen oder nicht so schnelle Fortschritte machen wie der, der den Körper mittels Geist und Ego drängt und antreibt; doch auf lange Sicht gelangt der Schüler, der innere Ruhe aufrechterhält und in seinem Training Wert auf das Aufeinanderabstimmen von Geist und Körper legt, weit über das Niveau hinaus, das jemals von jemandem erreicht werden könnte, der sich auf ewig anstrengen und dafür einsetzen wird, ein Training erfolgreich zu absolvieren oder andere Ziele im Leben zu verwirklichen – jemand, für den jede Trainingsstunde ein Test ist, und die Erfüllung jeder Aufgabe ein Selbstzweck ist.

»Kein Schmerz, kein Gewinn«[14] ist die Zwangsvorstellung der heutigen Zeit von einem wirksamen körperlichen Training und eine weitverbreitete Litanei, die von Ausbildern aufrechterhalten wird, welche sich immer öfter als allmächtige Gurus ausgeben. Ich will nicht abstreiten, dass sich mit dieser Einstellung sicherlich bestimmte eindrucksvolle Resultate erzielen lassen. Doch lassen Sie mich, was die Absichten dieses Handbuches angeht und die Vorteile, die man langfristig erlangt – gute Gesundheit und Langlebigkeit –, einfach sagen, dass das Sichwohlfühlen von nichts geschlagen werden kann.

Training, das Folter ist – oder so langweilig und eintönig, dass man dabei laute Musik spielen und dem Schüler die Anweisungen zubrüllen muss – wird uns nicht die Erleuchtung bringen, nach der wir uns sehnen.

Der grundlegende Unterschied zwischen dem Studium von Kampfkunst und anderen Übungsprogrammen – wie Aerobic oder Hanteltraining – ist, dass Sie bei diesen anderen Disziplinen schon nach einigen wenigen Wochen alles gelernt haben, was es zu wissen gibt. Alles Weitere ist dann lediglich eine Frage der Wiederholung. Kung Fu hingegen fährt das ganze Leben über damit fort, Körper und Geist zu lehren sowie die Verbindung zwischen beiden herzustellen und zu stärken.

Das Denken kontrolliert das Handeln des Körpers. Ist das Denken abgelenkt, wird er zu einem geistlosen Roboter – wie es der Fall ist, wenn er von äußeren Einflüssen dazu gezwungen wird, hoch und runter zu springen und mit Armen und Beinen in der Luft zu wedeln … ohne dabei einem anderen Zweck zu dienen, als sich zu bewegen.

Beim Studium von Kung Fu hat jede Bewegung eine über sich selbst hinausgehende Funktion, die sich in der echten Welt, in der wir leben, anwenden lässt. Zudem enthält jede Bewegung eine Metapher,

---

[14] Die freie und gebräuchliche Übersetzung der Redewendung »no pain, no gain« lautet natürlich »ohne Fleiß kein Preis«, doch ist in diesem Kontext eine wörtliche Übertragung notwendig, welche die Aussageabsicht unterstreicht. (Anm. des Übersetzers.)

um dem Jünger das Verständnis der Weisheit mehrerer Zeitalter näherzubringen.

Ob Kung Fu mit einer solchen Philosophie überhaupt als Kampfkunst definierbar bleibt, ist schlussendlich unwichtig. Wir bezeichnen Kung Fu weder als Kampfkunst noch als Religion noch als Philosophie. Wir bezeichnen es als eine *Lebensweise*.

Kung Fu kann auf jede Situation des Lebens angewendet werden. Es ist, was immer Sie von ihm wollen, dass es ist. Wenn Sie Kung Fu als solches akzeptieren, haben Sie die Kontrolle über sich selbst und Ihre Stellung.

Alle Verteidigungs- und Angriffstechniken können bereits nach einem kurzen Zeitraum beherrscht werden. Ein aufgeweckter Schüler ist in der Lage, die physikalischen Aspekte von Kung Fu innerhalb von ein oder zwei Jahren zu meistern. Ich habe es bereits erlebt.

Die *Absicht* – der *Zweck* – von Kung Fu kommt allerdings nicht so leicht zum Vorschein. Ein Leben voller Hingabe wird vielleicht die grundlegenden kosmischen Wahrheiten nicht aufdecken, auf die die Bewegungen des Kung Fu lediglich ein metaphorischer Hinweis sind. Das Wichtige ist, sich ihm trotzdem zu widmen. Die Belohnungen, die es auf dem Weg zu finden gibt, sind mehr als ausreichend, um die Reise lohnend zu machen.

Die bei Weitem beste Art ist es aber immer noch, die Aufgaben ohne Rücksicht auf die Belohnungen zu verrichten. Dies ist die reinste Form der Hingabe und wird den Suchenden letzten Endes näher an sein Ziel bringen.

Ein langsamer Schüler benötigt mehr Hingabe, und wenn er diese in sich finden kann, hat er mehr Chancen, die Wahrheit zu erreichen, als ein schnellerer Schüler, der das Wissen beiläufig in Empfang nimmt. Hingabe ist der Schlüssel, die Frage und vielleicht auch ein großer Teil der Antwort.

Sehnsucht, Entschlossenheit, Ausdauer und Übung sind die Schlüssel zum Erfolg beim Kung Fu. Größe und Geschlecht spielen keine Rolle. Fast jeder kann die Bewegungen lernen und ausführen, und der Geist wird Seite an Seite mit dem Körper Fortschritte machen. Frauen sind in den nördlichen Methoden gut, denn ihnen liegen von Natur aus die Anmut, Akrobatik und ballettartigen Bewegungen, die man besonders in diesen Stilen vorfindet. Kinder sind unbeschriebene Blätter. Sie zu lehren ist so einfach wie das Dressieren von Welpen. Sie profitieren sehr von der Disziplin, der geistigen sowie körperlichen Koordination, der Geschwindigkeit und der Selbstsicherheit, die sie entwickeln – den unaufdringlicheren, feineren inneren Fortschritt, den sie zur gleichen Zeit machen, kaum bemerkend.

Unter den Fragen nach einem *Weg* suchen. Versuchen, durch Disziplin und Übung eine höhere Ebene des Lebens auf der Erde zu entdecken. Eine ohne Angst oder Wut, bei der sich alles im Gleichgewicht befindet und die dabei auch noch wunderbar spannend ist. All dies zu einem Zustand führend, der vollkommen über und außerhalb vorheriger Erfahrung liegt.

Darum geht es bei Kung Fu.

Ein anderer Lernstil, den ich erwähnen muss, ist der des Gesetzlosen. Das ist, was auch ich bin. Der Fortschritt eines solchen Suchenden lässt sich nicht vorhersagen. Er kann kometenhaft oder katastrophal sein. Normalerweise ähnelt der Entwicklungsprozess dieses Individuums einer Mutation: gefährlich, unberechenbar, manchmal genial, innovativ, zerstörerisch oder störend ... wer weiß? Dieser Stil kann nicht wirklich beeinflusst oder angeglichen werden. Er ist ein Teil der Persönlichkeit. *Sie* wissen, wer Sie sind.

Kung Fu erfreut sich heute weltweit einer enormen Beliebtheit. Dies liegt zumindest teilweise an dem Einfluss der Fernsehserie *Kung Fu*, die Kampfkunst als letztmöglichen Problemlöser darstellt, etwas auf was man zurückgreifen kann, wenn alles andere versagt hat. Im Gegensatz zu den genretypischen Filmen werden die Charaktere in *Kung Fu* (mittlerweile in einundsiebzig verschiedenen Ländern gezeigt) bei Konfrontationen mit dem Bösen auf philosophische Weise mit ihm fertig und setzen körperliche Gewalt nur im äußersten Notfall ein, wobei sie sie selbst dann nur mit großer Zurückhaltung anwenden.

Diese Einstellung wohnt Kung-Fu-Künstlern der meisten Stile inne. Sie kann sie körperlich und geistig ihren Gegnern und Schwierigkeiten überlegen machen. Genau sie ist es auch, die bei den Leuten in der heutigen Welt so starken Anklang findet; denn wir leben in einer Zeit, in der es wenig gibt, in was wir unser Vertrauen setzen können

… ausgenommen dem Glauben an Mächte jenseits von uns – und jenseits der vergänglichen und materialistischen Werte unserer Gesellschaft.

Portrait von Bodhidharma, angefertigt von Li Kuchan.
Aus Shaolin Kung Fu *von Ying Zi und Weng Yi.*
© 1981 Kingsway International Publications Ltd.
Alle Rechte vorbehalten.

2. DIE GESCHICHTE

Die Dinge haben Wurzeln und Zweige;
die Herkunft und die Folgen zu kennen
ist fast so gut wie Hände und Füße zu haben.
– Konfuzius

Es ist nicht möglich, die Philosophie des Kung Fu zu verstehen, ohne ein wenig Wissen über seine Geschichte zu besitzen. Kung Fu entstand im 6. Jahrhundert n. Chr., als Bodhidharma – ein wandernder Mönch, der durch den Norden Chinas zog – an einem daoistischen Tempel im Songshan-Gebirge vorbeikam. Der Tempel, bekannt als das »Shaolin-Kloster«, war voll von geistig überlegenen Mönchen, deren Körper schwach waren – der Legende nach so sehr, dass sie sogar mitten in ihren Übungsstunden eingeschlafen sein sollen. Bodhidharma lehrte die Mönche eine Hindudisziplin, die er modifiziert hatte. Es handelte sich dabei um eine Form aktiver Meditation, einen heiligen Tanz, der den Körper stärkte, während er einen Schlüssel für das Wissen bot, das in der Hinduphilosophie enthalten war.

Bodhidharma erweiterte auch die Kenntnisse der Mönche über den Hindupropheten Buddha. Geboren um 560 vor Christus, lautete Buddhas wirklicher Name Siddharta Gautama. Er wurde ein Lehrer und Moralist, der eine Lebensweise basierend auf dem einfachen Ziel der »Nützlichkeit« vorschlug. Er setzte sich unter den Bodhi-Baum (*Bodhi* heißt übersetzt »Erleuchtung«) und als er wieder aufstand, war er erleuchtet.

Diese drei Dinge – Bodhidharmas Disziplin, die damit zusammenhängende Hinduphilosophie und buddhistische Ideen – vermischten sich mit daoistischem Gedankengut, um zu Kung Fu zu werden. Wörtlich bedeutet Kung Fu »wissen, was zu tun ist«.[15]

Dreißig Jahre vor Bodhidharma hatte ein Mönch namens Batua bereits die gleiche Pilgerreise von Indien nach China angetreten. Er wurde sehr herzlich vom Kaiser aufgenommen, der den Shaolin-Tempel bauen ließ, damit Batua seine Weisheit lehren konnte. Batua

---

[15] Das ist so nicht ganz korrekt. Tatsächlich bedeutet *Kung Fu* »etwas durch harte bzw. geduldige Arbeit Erreichtes« oder auch »Meisterschaft durch Bemühung«. (Anm. des Übersetzers.)

füllte den Tempel mit daoistischen Mönchen und brachte ihnen das Wissen über Buddha bei. Seine Lehren wurden als *Altchinesischer Buddhismus* bekannt. Als Bodhidharma nun kam und sich dem Kaiser vorstellte, hieß man ihn nicht so herzlich willkommen. Der alte Kaiser war in den dazwischenliegenden dreißig Jahren gestorben und der neue Kaiser glaubte nicht, dass Bodhidharma viel erreichen konnte, da dieser kein großer Redner war.

Bodhidharma verließ den Kaiser in Richtung Songshan-Gebirge und Shaolin-Tempel. Er überquerte den Jangtsekiang auf einem Floß – oder, der Legende nach, auf einem kleinen Ast mit fünf Blättern. Die folgenden neun Jahre verbrachte er in einem Zustand der Meditation »der Wand zugewandt« in einer Höhle im Songshan-Gebirge. Schließlich nahm er sich einen Jünger. Die Geschichte besagt, dass dieser sich nach mehreren Jahren vergeblichen Flehens den eigenen Arm abgetrennt hatte, um seine Aufrichtigkeit und Hingabe gegenüber Bodhidharma zu verdeutlichen.

Während Bodhidharma die Zeit sitzend »der Wand zugewandt« verbrachte, bekam er Probleme mit der Spannkraft seiner Muskeln. Auch mit wilden Tieren und Schlangen hatte er zu kämpfen. Als Lösung für diese Probleme entwickelte er unter Verwendung der Disziplinen, die er in Indien gelernt hatte, die achtzehn Formen des Arhat. Die Techniken vermischten sich mit Hudi und Juedi – alten chinesischen Überlebensmethoden, die es lange vor den Shaolin gegeben hatte – zum wahren Ursprung von Kung Fu. Jahre später gerieten sechs der achtzehn Arhat-Bewegungen in Vergessenheit, doch im folgenden Jahrhundert wurden sie mittels Meditation, Weissagung und Improvisation wiederhergestellt. Diese achtzehn Bewegungen umfassen die Grundlage der Lohan-Form. Lohan[16] wird traditionell als älteste Form gelehrt, obwohl das Arhat – welches vermutlich nicht mal als formelles System geplant war – dem Lohan zeitlich vorangeht.

Heute gibt es im Lohan-System 136 Bewegungen oder Formen, von denen etwa achtzehn Waffen einsetzen.

Bodhidharma begründete auch den so genannten *Neuen Buddhismus*, welcher asketischer war als die Variante von Batua. Er legte Wert auf Fasten und Meditieren und beinhaltete Bodhidharmas fünf Gebo-

---

[16] Auch: Law Horn; Luo Han. (Anm. des Übersetzers.)

te gegen Töten, Rauben, Obszönität, Lügenerzählen und Weintrinken. Das Essen von Fleisch wurde für unklug erachtet, obwohl es kein spezielles Gebot dagegen gab. Stille war ebenfalls hoch geschätzt und empfohlen. Jahrhunderte später wurden die Gebote gebrochen und verworfen, als der Kaiser den Mönchen Fleisch zu essen und Wein zu trinken gab. Dies nannte man »Die Änderungen des Sechsten Vorfahren«.

Shaolin-Krieger führten einmal eine Revolution der Ming-Fraktion gegen die Ching-Dynastie an. Zu diesem Zweck entwickelte man ein neues Kung-Fu-System, das als »Hung Gar Kuen« bezeichnet wurde. Es machte Gebrauch von leeren Händen und gewöhnlichen Werkzeugen als Waffen, wodurch es scheinbar unbewaffneten Bauern möglich war, ins Lager der kaiserlichen Armee einzudringen und diese zu zerstören. Der Stance im Hung-Gar-System[17] ist unglaublich breit und massiv, mehr als jede andere Form in den Kampfkünsten. Die Füße bewegen sich nicht, sondern schwenken eher vor und zurück. Wenn überhaupt Tritte eingesetzt werden, sind sie niedrig, ihre Kraft aus dem Erdboden beziehend. Das System verwendet die Hände: greifend, schnappend, zuschlagend. Einer der Stile im Hung-Gar-System war die Tiger-Kranich-Form, die Gebrauch vom Langer-Finger-Stil machte. (Eine normale Position in dieser Form beinhaltet eine feste Hand mit einem einzigen ausgestreckten Finger – als Symbol für den Schnabel des Kranichs.) Man sagte über diesen Stil: »Wenn jeder Ming einen Finger hebt, werden wir die Ching besiegen.«

In Wirklichkeit hatte keine Revolution je großen Erfolg gegen die kaiserlich-chinesischen Regierungen der Antike. Die Dynastien zerfielen letztlich alle von innen heraus. Als die Ming-Revolution scheiterte, floh der Shaolin-Meister, der die Rebellen angeführt und ausgebildet hatte, nach Okinawa. Er versuchte, eine Armee aufzustellen, um sein Ziel erneut anzugehen. Dies gelang ihm allerdings nicht und so blieb er in Okinawa und lehrte. Manche meinen, dass seine Lehren die Runde über die Inselkette nach Japan machten und zu Karate wurden.

Mit Ausbreitung des Einflusses der Philosophie und Lehre der Shaolin – welche Dao, Buddha und Kampfkunst durch den Fernen Osten trug –, entwickelten sich sämtliche Stile der asiatischen Kampf-

---

[17] Auch: Lau Gar. (Anm. des Übersetzers.)

kunst basierend auf der ein oder anderen Form des chinesischen Kung Fu. Vielleicht einer der neuesten und am wenigsten geschliffenen ist das japanische Karate.

Viel hat man aus dem Unterschied zwischen Kung Fu und Karate zu machen versucht. Tatsächlich jedoch – da alle Systeme und Stile irgendwo im Kung Fu enthalten sind – sind die grundlegenden Wahrheiten die gleichen. Der einzige wirkliche Unterschied ist, dass es sich bei Karate um eine unvollständige Version des Kung Fu handelt. Beim Karate und bei den anderen Ableitungen werden nur die »effektivsten« und »nützlichsten« Ideen gelehrt. Die Einschränkung im Karate rührt, zumindest teilweise, von seiner Verbindung zum japanischen Buddhismus her, der die chinesisch-daoistischen Prinzipien ignoriert oder vergisst und sie durch die besonderen und generell radikalen Vorstellungen ersetzt, welche für die japanische Kultur charakteristisch sind – wie beispielsweise das Zen. Zum Thema Zen könnte viel gesagt werden, aber wir haben hier unser Interesse auf Kung Fu gelegt, deshalb sehen Sie sich am besten woanders danach um.

Der Eingang des Shaolin-Klosters im Songshan-Gebirge, China.
Aus Shaolin Kung Fu *von Ying Zi und Weng Yi.*
© 1981 Kingsway International Publications Ltd.
Alle Rechte vorbehalten.

3. DAS EINE

Der große SINN ist allgegenwärtig.
Das Werk wird vollbracht
und er nennt es nicht seinen Besitz.
Niemals macht er sich groß;
Darum bringt er sein großes Werk zustande.
– Laozi

Praktisch sämtliches chinesisches Gedankengut basiert auf zwei grundlegenden Lehren: *Daoismus*[18] – ein spontanes, tiefgründiges Bewusstsein der wahren Natur der Dinge, ausgedrückt in mystischen, poetischen Versen; und *Konfuzianismus* – eine pragmatische, praktische Sammlung moralischer Normen und gesellschaftlicher Etikette. Die beiden Lehren sind die entgegengesetzten Pole des chinesischen Denkens. Konfuzianismus setzt sich mit weltlichen Angelegenheiten und physikalischer Realität auseinander, während es beim Daoismus um geistige Transzendenz und abstrakte Philosophie geht. Ein chinesischer Weiser hat sich mit beidem gleichzeitig zu befassen. Er muss ein Poet und Philosoph sein, aber auch ein Mann der Tat.

Konfuzianismus kommt von dem Weisen und Lehrer Kung Fu Tse, oder Konfuzius, der im 5. bis 6. Jahrhundert vor Christus lebte. Er entwickelte eine Reihe von Regeln und Moralvorstellungen für den Erhalt von Familieneinheit, gesellschaftlicher Ordnung und Tradition. Konfuzius legte die Gewichtung auf das Praktische; darauf, wie der Mensch sein Leben führen sollte. Seine Weisheit ist in den *Vier Büchern* (welche das *Yijing*[19] beinhalten) und den *Fünf Klassikern* (worin die *Analekte* enthalten sind) ausgeführt.

Daoismus geht auf Laozi[20] zurück, einen Lehrer, der – nach der Legende – ein älterer Zeitgenosse von Konfuzius war. Sein Name bedeutet »alter Meister«. Seine Schriften, welche in dem Buch *Daodejing*[21] gesammelt sind, und die Arbeiten von Zhuangzi[22] sind die Grundpfeiler des Daoismus. *Daodejing* meint wörtlich *Veränderungen auf dem*

---

[18] Auch: *Daoismus*. (Anm. des Übersetzers.)
[19] Auch: *I Ching; I Ging*. (Anm. des Übersetzers.)
[20] Auch: Lao tzu; Lao-tse. (Anm. des Übersetzers.)
[21] Auch: *Tao Te King; Tao Te Ching*. (Anm. des Übersetzers.)
[22] Auch: Chuan tzu; Tschuang-tse. (Anm. des Übersetzers.)

Weg. Das Buch ist möglicherweise das schönste und tiefgründigste poetisch-philosophische Werk, das es gibt. Es entstand, da sich Laozi – der der Weise und Berater des Kaisers war – eines Tages dazu entschied, sein Leben in der Öffentlichkeit zu beenden und sich stattdessen umherziehend der Suche nach *dem Dao* zu widmen. *Dao* wird als *der Weg* oder *der Sinn* übersetzt, aber als etwas Undefinierbares verstanden. Es handelt sich dabei um so etwas wie das Universelle, die allgemeine kosmische Ordnung der Natur, doch selbst diese vage Beschreibung ist schon eine falsche.

Als Laozi auf seiner Suche nach *dem Dao* an der Chinesischen Mauer vorbeikam, erkannte ihn der Wächter am Tor und weigerte sich, ihn durchziehen zu lassen, wenn er nicht zuerst seine Weisheit aufschreiben würde. Laozi setzte sich neben die Große Mauer und hatte innerhalb von ein paar Stunden das *Daodejing* fertiggestellt. Er hinterließ seine Worte bei dem Wächter und zog hinüber in die Mandschurei. Man sah und hörte nie wieder von ihm.

Offensichtlich lehrten Laozi und Konfuzius sich gegenseitig ihre jeweiligen Weisheiten. In China verbreiteten sich beide Lehren. Die jungen Leute wurden Konfuzius gelehrt, damit ihnen eine Basis für das angemessene Verhalten in der Gesellschaft gegeben war. *Das Dao* übten die älteren Menschen aus, um ihre Flexibilität und Spontaneität aufrechtzuerhalten und sich das nötige kosmische Wissen für die Vorbereitung auf Tod und Wiedergeburt einzuflößen.

Die Hindulehren von Buddha kamen im 5. Jahrhundert n. Chr. über Indien nach China. Sie vermischten sich mit Konfuzianismus und Daoismus, wobei sie den Neokonfuzianismus bildeten, welcher von einem großen Weisen namens Zhu Xi[23] genauer ausgearbeitet wurde. Der Neokonfuzianismus versuchte, den Konfuzianismus weiter an das daoistische Gedankengut zu führen, ihn abstrakter und jenseitiger zu machen; genau wie der Neodaoismus seiner Ursprungsform die praktischen weltlichen Lehren des Konfuzianismus näherbringen wollte.

Das allgemeine Symbol sämtlicher östlicher Religionen, einschließlich Daoismus, Konfuzianismus und später Buddhismus, ist das *Taijitu,* auch genannt *das Symbol des sehr großen Äußersten.* Man kennt

---

[23] Auch: Chu H'si. (Anm. des Übersetzers.)

es eher unter der Bezeichnung *Yin-Yang*. Das Symbol zweier Fische – ein dunkler mit hellem Auge und ein heller mit dunklem Auge –, die sich in einem Kreis hinterherjagen, steht metaphorisch für die aktiven und passiven Kräfte im Universum. Es gibt das dunkle, passive, weibliche Yin und das helle, aktive, männliche Yang. Diese beiden Mächte wirbeln über- und durcheinander, sich ständig wechselnd. Eine wird zur anderen und beide tragen immer auch den Kern ihres Gegenparts in sich (im Bild dargestellt durch das Auge des Fisches).

Das Symbol hat die gleiche Bedeutung wie alle anderen großen religiösen Symbole der Welt: das Kreuz, die Madonna mit Kind, die Mondsichel mit Sternen, der Davidsstern, Sonne und Mond. Da die Menschen aller Zeiten das Prinzip des Yin-Yang angenommen haben, obwohl sie es auf verschiedene Arten taten, umfassen diese Symbole vielleicht – in gewisser wirklicher Hinsicht – ein wahres Bild der Natur aller Dinge.

Wie die östlichen Philosophien basiert Kung Fu auf einer Erweiterung der Vorstellung von Yin und Yang. Manchmal wird vom Yin-Yang sogar auch als Symbol für Kampfkunst gesprochen. In Wirklichkeit ist es das Symbol für alles. Das Yin-Yang wird auch ein Symbol der Dualität genannt. Dies vereinfacht allerdings die Wahrheit. Was das Symbol wirklich zeigt, ist, dass es sich bei Dualität nur um eine Illusion handelt, dass sich zwei Seiten des gleichen Gesichts zu einem einzigen Gesicht zusammenfügen.

Die Meinung, man könne alles in zwei Kategorien aufteilen – eine gute und eine böse –, ist das, was Vorurteile entstehen lässt. Tatsächlich sind strenge Moralvorstellungen nichts als Vorurteile, wenn diese Vorstellungen sämtliches Handeln im Voraus beurteilen. Die Wahrheit ist, dass sich Taten nicht als richtig oder falsch abstempeln lassen. Bei allem handelt es sich um ein Experiment und jedes Ereignis bringt ein wenig neues Wissen hervor. Alle Lehrsätze und Vermutungen sind in gewisser Hinsicht wahr, falsch und bedeutungslos. (Wenn das für Sie keinen Sinn ergibt, versuchen Sie es weiter.)

Der springende Punkt ist, dass es sich genau bei dieser Wahrnehmung der Welt als voll von Gegensätzen um das handelt, was Gegensätze schafft. Das wahrnehmende Auge ist teilweise für das verantwortlich, was es sieht. Das Gesetz verursacht somit auf gewisse Weise das Verbrechen; Kapitalismus verursacht Sozialismus; das Gute verursacht das Böse. Der einzige Weg hinaus aus diesem Teufelskreis ist es, die gesamte Vorstellung der Dualität hinter sich zu lassen.

Es existiert noch eine andere Version des Yin-Yang, die ich einmal als Sufi-Symbol[24] sah, aber die sich wahrscheinlich auch bei anderen Sekten wiederfinden lässt. Sie sieht aus wie das Yin-Yang, besteht aber nicht aus zwei, sondern stattdessen drei im Kreis umherwirbelnden Elementen. Die entsprechende Vorstellung ist dann also, dass es drei Dinge gibt: dieses hier, das dort und das andere.

Im daoistischen Denken wird das vom Willen gelöste Leben (Handeln durch Nichthandeln) als die reinste Form des Daseins empfunden. Sie nennen diese Philosophie *Wu Wei*. In ihr wird das Subjekt-Objekt-Problem[25] verworfen, ebenso wie die Vorstellungen von Gegensätzen und Widersachern. Das wahrnehmende Auge und der Sonnenuntergang sind ein und dasselbe. Ohne Hoffnung kann es keine Verzweiflung geben. Ohne Himmel keine Hölle.

Es ist schwierig, diese Philosophie rückhaltlos anzunehmen, während man auf diesem Planeten lebt, doch Daoisten sagen, dass es geschafft werden kann. Meiner Ansicht nach stellt die Relativitätstheorie eine eher praktizierbare Alternative dar. Denn hier können wir – mit der Vorstellung, dass Experiment und Experimentierender sich gegenseitig beeinflussen – sehen, dass es kein Absolutes gibt; dass alle Dinge relativ, also voneinander abhängig sind.

Wir sehen, dass das, was ist, *ist*. Beurteile es nicht. *Sei* es.

---

[24] Sufismus: asketisch-mystische Richtung des Islam, benannt nach den mit einem Büßergewand aus Wolle (arabisch *suf*) bekleideten ersten Anhängern (*Sufis*). (Anm. des Übersetzers.)

[25] Zentrales Problem des abendländischen Denkens, das in der Bestimmung des zweigliedrigen Verhältnisses von erkennendem Subjekt und zu erkennendem Objekt (Gegenstand) besteht. Dabei wird die Frage aufgeworfen, ob und – falls ja – inwieweit das Subjekt im Erkennen aktiven Einfluss auf das Objekt nimmt und dieses dadurch verändert. (Anm. des Übersetzers.)

Verwechseln Sie nicht die Landkarte mit dem Gebiet, das sie verzeichnet. Die Karte ist nicht deshalb lila eingefärbt, weil die Landschaft lila ist; es handelt sich um einen Kode. Einstein sagte, dass man den Unterschied zwischen einem Begriff und dem ihn beschreibenden Wort nicht mit dem Unterschied zwischen Fleisch und Fleischbrühe vergleichen kann; er entspricht vielmehr dem Unterschied zwischen Ihrem Mantel und dem Nummernzettel, den Sie bei Abgabe an der Garderobe bekommen.

Die Wissenschaft war schon immer von Kategorien besessen. Tatsächlich ist es nicht möglich, über den Kosmos selbst zu sprechen, sondern nur darüber, wie wir ihn wahrnehmen. Und selbst dann müssen wir den Kosmos mit einem Kode beschreiben. Das heißt, wir müssen Sprache verwenden … die im Grunde nur ein Symbol für das ist, von dem wir reden. In hohem Maße haben wir die Antworten, die wir über den Kosmos kennen, bloß erfunden. Die Ordnung, auf der der Wissenschaftler beharrt, wird von seinen Geräten auf die Wirklichkeit projiziert.

Es gibt keine dauerhafte Realität außer der Realität des Wandels. Dauerhaftigkeit ist eine Illusion der Sinne. Alle Dinge tragen ihr Gegenteil mit sich. Der Tod liegt potenziell im Leben. Freiheit und Unterdrückung gehören zusammen, genau wie Erschaffung und Zerstörung. Sein und Nichtsein sind Teil jedes Ganzen, weshalb der Übergangszustand des Werdens der einzig mögliche reale Zustand ist.

In der Dunkelheit ruht das Licht. In der Stärke ruht die Sanftheit. In der Frage ruht die Antwort. Es ist alles eins. Darin liegt die enorme Einfachheit und Kompliziertheit der Yin-Yang-Metapher. Eine große und schwierige Lektion, die klein und einfach wird, wenn sie einmal gelernt ist.

Bis dahin ist die Illusion der Dualität alles, was wir haben. Es ist die darin enthaltene Vorstellung der Gegensätze, die Probleme verursacht. Um das Puzzle zu vervollständigen und es dadurch nicht länger ein Puzzle sein zu lassen, brauchen wir Methoden.

Die Hauptmethode ist *Wahl*. Sie bietet einen ersten Lösungsansatz für das Positiv-Negativ-Problem. Wählen Sie zu Anfang das Positive, und der größte Teil des Rests wird folgen. Wählen Sie Mut anstelle von Furcht. Wählen Sie Erfolg anstelle von Versagen. Wählen Sie

Harmonie, nicht Konflikt. Wählen Sie Lösungen, nicht Probleme. Wählen Sie Liebe, nicht Hass. Wählen Sie Leben anstelle von Tod. (Wenn sowieso alles eins ist, wozu sich dann überhaupt auf die negativen Werte konzentrieren?)

Mit Entdeckung der positiven Seite bestimmter Fragen identifizieren Sie automatisch die negative. Wenn Sie das Negative ablegen, bleibt Ihnen die gesamte positive Wahrheit. Nehmen Sie als Beispiel die Vorstellung von Gut und Böse. Wenden Sie sich dem Bösen zu und lassen Sie es fallen. Wenden Sie sich dann dem zu, was übrig ist, und Sie werden das Gute finden – unendlich und vollkommen. Das Gute ist alles, und es wurde durch die Anwendung der vagen Vorstellung von Yin und Yang entdeckt. Und dennoch: in der Praxis wird vollkommene Freude oder Verzweiflung im Moment ihres Erreichens sofort damit anfangen, ihr Gegenteil zu werden. Verlassen Sie sich drauf. Seien Sie sich darüber im Klaren, dann besteht die Möglichkeit, dass Sie es kontrollieren können. Eine aufwärts gerichtete Spirale ist einem sich endlos wiederholenden Kreislauf vorzuziehen. Es ist besser, etwas zu haben, von dem man fällt, als etwas, auf was man fällt. Bei dieser hochfliegenden Suche ist ein Fallschirm einem Anker vorzuziehen.

Ein Martial Artist, den ich kannte, erzählte mir einmal, dass sein Sensei[26] ihm gesagt hatte, er solle niemals jemandem trauen, auch nicht seinem Sensei. Ich antwortete: »Und du hast ihm vertraut, als er dir das sagte?«

Der Martial Artist stolperte davon, sein ordentliches System erschüttert und sein Geist schwirrend vor neuen und verwirrenden Möglichkeiten – der richtige Zustand für einen solchen Suchenden.

---

[26] Ein japanischer Kampfkunstlehrer. (Anm. des Übersetzers.)

4. SPIRITUALITÄT

Das Dao ist ein leerer Kessel.
Er wird benutzt, aber nie gefüllt.
Des Himmels Netz ist groß und weitmaschig,
aber es entgeht ihm nichts.
– Laozi

Jede eingehende Besprechung der Philosophie des Kung Fu wird sich mit Spiritualität befassen müssen, welche Religion gefährlich nah kommen kann. Alle wissenschaftlichen, religiösen und mystischen Systeme der Welt haben die Vorstellung einer obersten Macht, die das Universum auf Grundlage bestimmter unveränderlicher Gesetze regiert. Die Wahrheiten zu entdecken, zu bestätigen und zu verstehen, die diese eine große Wahrheit umgeben, ist der Pfad. *Der Weg* ist, unsere Welt in Harmonie mit diesen vielfältigen Wahrheiten zu bringen.

In den Naturwissenschaften werden durch Experimente und Interpretationen Phänomene beobachtet und Erklärungen gefunden. In der religiösen und mystischen Philosophie nimmt man die Richtigkeit der Theorie als gesichert an. Hier sind es die Phänomene, die entsprechend dieser Theorie interpretiert werden. Diese Art der Erforschung erfordert *Glauben*. Sie wird angewandt, wenn wir es mit Vorstellungen zu tun haben, die sich durch unsere Sinne nicht überprüfen lassen. Bemühungen, Einsteins Relativitätstheorie anzuwenden, sind ein perfektes Beispiel dafür: Um die bereits im Voraus akzeptierte Theorie zu beweisen, werden Anhaltspunkte neu interpretiert. Die Wahrheit ist, dass Wissenschaftler so etwas oft machen, aber sie geben es nicht gerne zu.

Dieses Hilfsmittel – den Glauben – zu verwenden ist das, was eine Erfahrung oder ein Erlebnis als spirituell definiert. Glaube wird beim Einsatz in anderen Bereichen auch Überzeugung, Instinkt oder Inspiration genannt. Er liegt auch nahe bei Zufall und Glück. Über das wahre Wesen davon, was spirituell und was lediglich Unsinn ist, lässt sich nur schwer einig werden. Zwischen Glaube, Aberglaube und Wissenschaft kann man keine genaue Grenze ziehen. Das Einzige, was wir definitiv sagen können, ist, dass es eine größere Wirklichkeit gibt, die jenseits unseres Verständnisses liegt. Wir haben keinen Namen für sie, aber wir wissen, dass sie existiert. In der Praxis merken wir selbst hin und wieder, wie wir zu einer erweiterten Wirklichkeit durchdringen, in der wir eine ganze neue Reihe von Rätseln wahrnehmen können, die uns zuvor unsichtbar waren. Dann entdecken wir die Grenzen dieses neuen Bewusstseins und müssen diese wieder durchbrechen. Ein Vorgang, der – soweit ich feststellen konnte – endlos ist.

Letzten Endes werden wir, egal, wie viel wir studieren, nie die gesamte Wahrheit erreichen. Selbst wenn wir ein Leben lang kontinuierlich daran arbeiten, gelangen wir nie zum Ende unserer Entdeckungen über sie. An diesem Punkt kommt der Glaube ins Spiel. Wir akzeptieren die Wahrheit von Theorien, die wir nicht beweisen können, und nehmen auf diese Weise das gesamte Bild wahr, obwohl seine vollständige Struktur jenseits unseres Verständnisses liegt.

Diese Art des Entdeckens ist dem Zyniker nicht zugänglich.

Es gibt eine alte Geschichte über Glauben und Zynismus: Zwei Goldsucher saßen in einem Saloon oben in Alaska. Sie tranken und redeten und das Thema Gott kam auf. »Ich glaube nicht an Gott«, sagte einer der beiden.

»Tatsächlich? Das ist hier oben aber wirklich ungewöhnlich. Warum denn nicht?«, sagte der andere.

»Tja, ich hab's früher mal, es dann aber aufgegeben. Das war so: Einmal war ich gerade da draußen in der Tundra, und da kam dieser fürchterliche Schneesturm. Ich verirrte mich und war mir sicher, ich würde erfrieren. Also kniete ich mich hin und betete zu Gott, mich zu retten, und absolut nichts geschah.«

»Elender Dummkopf!«, sagte der andere Goldsucher. »Wie kannst du so was behaupten? Du sitzt doch hier, oder etwa nicht? Demnach bist du entkommen.«

»Klar. Aber es war nicht Gott, der mich da rausgeholt hat. So ein verdammter Eskimo kam vorbei und zeigte mir den Weg in die Stadt.«

Glaube, Hoffnung und Zuversicht sind wertvolle Hilfsmittel, ohne die wir dem Unendlichen nicht folgen können. Glaube ist machtvoll; aber nur, wenn er mit Erleuchtung einhergeht. Der Glaube kann Berge versetzen. Doch blinder Glaube kann uns in Torheit stürzen. Deshalb muss man Glauben genauso vorsichtig anwenden wie Knoblauch.

Oder merken Sie sich – als alternative Methode, mit dem Glauben umzugehen –, dass Zynismus die erste Religion ist. Durch ihn entdeckt man alles andere, da Zynismus Skepsis bedeutet. Skepsis führt zu Untersuchung und Untersuchung führt zu Verständnis.

5. STIL

Ich ziehe meine Hose an,
ein Bein nach dem anderen.
Und ich ziehe den Mais nicht
an seinem Stängel, wenn ich ihn
zum Wachsen bringen will.
– altes daoistisches Sprichwort

Stil ist sehr wichtig. Wichtiger ist jedoch, keinen Stil zu haben, was bei einer gebildeten Person bedeutet, alle Stile zu haben.

Stil ist kein Muster, das es zu wiederholen gilt. Er ist ein Puzzle. Es geht darum, den Stil anzunehmen und ihn dann zu überwinden. Nur auf diese Weise können wir zu neuen Lernebenen fortschreiten. Sobald sich jedes Teil des Puzzles an seinem richtigen Platz befindet, ist es kein Puzzle mehr. Es ist ein Bild, welches dann so lange untersucht werden muss, bis es verstanden wurde. Dann wird es die eigentliche Sache – ein winziger Teil der wahren Gestalt des Universums, den man in seiner Hand halten kann.

Die Mehrzahl der Lehrer hält in der Regel ihren eigenen Stil für den besten. Das Wichtige ist, dass Sie sich bei dem Stil wohlfühlen, den Sie sich ausgesucht haben, und Sie mit Begeisterung bei der Sache sein können. Ich habe verschiedene Hauptstile der Kampfkunst studiert, doch ich bevorzuge die nördlichen Stile des Kung Fu, die großen Wert auf lange, fließende Bewegungen – sowohl der Hände als auch der Füße – legen.

Meine Ansicht ist die, dass die nördlichen Stile mehr als alle anderen zur Entwicklung des gesamten Individuums beitragen. Dehnende Bewegungen und Streckübungen; frei fließende Bein-, Arm- und Körpertechniken mit besonders hohen Erweiterungen und gehobenen Sprüngen; niedrige Bodenbewegungen, lange Reichweiten; akrobatische Flüge. All das ist im nördlichen System enthalten. Stellen Sie sich die gleichen Techniken auf den Geist angewandt vor und sie bekommen eine Ahnung vom Ausmaß dessen, was sich darin finden lässt.

Dennoch gibt es keinen Stil, der für alle Schüler der beste ist. Wenn Sie über einen Stil hören, dass er einen anderen im Wettkampf schlägt, bedeutet das nicht, dass dies der beste Stil für Sie ist. Zum

Beispiel waren einmal in einem Turnier thailändische Kickboxer über Schüler des südlichen Kung Fu siegreich, die von einer Schule in Hongkong kamen. Es scheint so, als sei der thailändische Stil dem überlegen, der in dieser speziellen Hongkong-Schule gelehrt wird; wenn Sie jedoch tiefer blicken, werden Sie vielleicht verstehen, warum Kickboxen – obwohl in dieser Situation siegreich – für die meisten Leute nicht unbedingt die beste Wahl sein dürfte.

Diese thailändischen Kämpfer waren Profis, die den ganzen Tag trainierten – und das jeden Tag. Sie ließen es zu, zu menschlichen Punchingbällen zu werden, um ihre Körper gegen die Schläge der Gegner abzuhärten. Das ist vielleicht effektiv, aber für die meisten Menschen nicht wirklich angenehm – und mit Sicherheit keine sehr gesunde Trainingsweise. Bei den Herausforderern aus Hongkong handelte es sich nicht um Profis und sie setzten ihre Körper nicht täglicher Prügel zum Zwecke der Abhärtung für den Kampf aus.

Es sollte auch angemerkt werden, dass die Ausrüstung, die man dort einsetzte, Boxhandschuhe beinhaltete. Dies war ein Nachteil für die Hongkonger, da alle offenhändigen, greifenden und Langfinger-Techniken nicht verwendet werden konnten. Die Boxhandschuhe dämpften außerdem die Kraft der Schläge. Durch die Regel gegen Techniken unterhalb der Gürtellinie wurden Beinschwünge und Knie- sowie Beintritte verboten, einige der wirkungsvollsten Techniken, die es gibt.

Die Hongkong-Schule des südlichen Kung Fu war ein weiterer Nachteil gegenüber den Kickboxern. Ihre Konzentration auf Hand-techniken für näherkommendes Kämpfen benachteiligte sie bei einer offenen Arena (wie es der Boxkampfring ist) gegenüber den weiter reichenden Beintechniken von Kickboxern, Schülern des nördlichen Kung Fu und Anwendern koreanischer Stile.

Diese Unterschiede bei Herangehensweise und Regeln lassen förmliche Wettbewerbe zwischen unterschiedlichen Disziplinen im Endeffekt immer ergebnislos werden. Der einzige Weg, eine endgülti-ge Schlussfolgerung ziehen zu können, wäre der eines echten Aufei-nanderprallens von Champions, ohne Regeln. Doch selbst dabei wür-de nur die Effektivität einer Disziplin im Kampf verdeutlicht – nicht ihre Eignungsfähigkeit für Sie in Ihrem Leben.

Beim Vergleich von Stilen sind tiefer liegende, manchmal nicht wahrnehmbare Gründe wichtig. Außerdem muss die Lebensqualität berücksichtigt werden, die aus dem Studium resultiert. Glück und Wohl sind das, wofür sich dieses Handbuch einsetzen will.

Was immer die Ziele des Schülers sind – die Qualität des Lehrers hat bedacht zu sein, ebenso die Tüchtigkeit seiner Schüler. Ein wichtiger Wert, der für gutes Studium wirbt, ist Moral. Ich sah einmal eine Vorführung in Roger Tsungs *Wu-Shu*-Akademie, die mich nicht nur aufgrund des großartigen Geschicks der Schüler beeindruckte, sondern vor allem auch wegen des zufriedenen Wesens, das diese vorzeigten. Während sie beschäftigt waren, lächelten sie die ganze Zeit.

Ein Stil sollte sich selbst keine Grenzen auferlegen. Er sollte die Freiheit vergrößern und weder physische, mentale noch geistige Entwicklung einschränken. Die weitreichenden Bewegungen helfen einem dabei, sich auszustrecken; über sich selbst hinauszuwachsen. Jeder Stil, den ein Schüler annimmt, sollte dieses Prinzip verinnerlichen, vielleicht mehr als alles andere.

Kurze und eingeschränkte Bewegung behindert Denken und Handeln. Wenn Denken und Handeln behindert werden, engt das die Einstellung ein, die man gegenüber dem Leben als Ganzem hat. Man verteidigt das Wenige, was man hat, und hat Angst davor, seinen Horizont zu erweitern. Die geistige Erleuchtung, die wir anstreben, wird nicht folgen. Solche Menschen suchen vergeblich nach einer Sicherheit, die sich nie finden lässt.

Die Mönche im Shaolin-Kloster haben Kung Fu, basierend auf dem daoistischen/buddhistischen Grundsatz der Unteilbarkeit von Geist und Körper, zum Zwecke des Trainings von beidem entwickelt. Das körperliche Training sollte Stärke, Flexibilität, Entspannung, Koordination und Beweglichkeit fördern. Die überragenden kämpferischen Fähigkeiten der Mönche entwickelten sich nicht dadurch, dass sie den Einzelkampf übten. Vielmehr wurde die Einheit von Geist und Körper zu einem kraftvollen Schutzmittel. Selbstverteidigung war ein Nebenprodukt des Selbstbewusstseins, das die Lehren erzeugten.

Die berühmten Tierstile wurden später entwickelt. Nicht, so sagt man jedenfalls, um die Kampftechniken der Tiere nachzuahmen, sondern um Geist und Körper näher zur Natur zu bringen. Trotzdem gibt es da diese eine Geschichte um die Anfänge des Gottesanbeterinnen-Stils – der Legende nach der erste Tierstil, der entwickelt wurde.

Es heißt, dass es einmal einen großen Krieger namens Wong Long gab. Seine Tapferkeit und Kühnheit waren unvergleichlich und überall wurde er als der Meister anerkannt. Er suchte stets nach neuen Herausforderungen, um seine Überlegenheit auf die Probe stellen zu können. Einmal, nachdem er einen gewaltigen Gegner besiegt und seine eigene Macht gefeiert hatte, hörte er seinen unterlegenen Feind sagen: »Du hältst dich für einen großen Kämpfer, Wong Long, weil du mich besiegt hast. Aber um der wirkliche Champion zu werden, musst du die bescheidenen Mönche im Shaolin-Kloster besiegen. Denn sie sind wahrhaft die größten Kämpfer von allen.«

»Wer sind diese Shaolin?«, fragte Wong Long. »Wie kann ich sie finden und besiegen?«

»Sie sind im Norden, am Fuße des Songshan-Gebirges. Aber es wird dir nichts bringen, sie zu finden, da man sie nicht besiegen kann.« Der verwundete Krieger keuchte und tat seinen letzten Atemzug.

Der arrogante Wong Long reiste weit; und überall, wo er hinkam, hörte er von diesen großartigen Kämpfern. Schließlich erreichte er die Stufen des Shaolin-Klosters. Er schlug gegen das Tor und verlangte Einlass. Ein bescheidener Diener mit einem Besen öffnete ihm.

Wong Long machte seine Absicht deutlich, den größten Champion des Klosters besiegen zu wollen, woraufhin der Diener ihm ins Gesicht lachte, den großen Krieger mit erstaunlicher Leichtigkeit hinauswarf und ihm das Tor vor der Nase zuknallte.

Wieder reiste der Krieger weit. Er verbrachte Jahre des Studierens, um seine Fähigkeiten so lange zu verbessern, bis er der mit Sicherheit größte Kämpfer war, den die Welt je gesehen hatte. Er kehrte zum Tempel zurück, wo er den gleichen Diener antraf und diesmal schnell besiegte. Das Gleiche geschah mit allen anderen Mönchen des Klosters, bis er endlich den Großen Meister konfrontierte, der wiederum ihn schnell besiegte. Erneut warf man ihn hinaus in den Staub der Straße.

Verzweifelt zog er in die Wüste, setzte sich hin und meditierte niedergeschlagen über sein Scheitern. Während er so saß, beobachte er vor sich eine Gottesanbeterin, die mit einem Käfer kämpfte. Die Technik der Heuschrecke faszinierte ihn. Er nahm ein Stöckchen und schubste das Tier etwas an, um seine Technik besser studieren zu können. Schließlich entwickelte er einen Tanz, mit dem er die Gottesanbeterin in all ihrer Geschicklichkeit, Geschwindigkeit und Gerissenheit nachahmte.

Er ging zurück zum Tempel und trug sein Anliegen ein weiteres Mal vor. Alle Mönche schreckten aus Angst vor ihm zurück und er kam zum Großen Meister. Sie kämpften und seine innovativen Gottesanbeterinnen-Techniken stellten sich als überlegen heraus. Unerbittlich schlug er den Meister zurück. Doch der Meister hatte während ihres Kampfes von Wong Long gelernt, und so schaffte er es am Ende, dessen Techniken zu übernehmen und ihn zu besiegen. Daraufhin gab Wong Long sein arrogantes Streben auf und stellte sich selbst in den Dienst des Tempels, wo er den Tai-Chi-Gottesanbeterinnen-Stil der Shaolin-Form ins Leben rief.

Der Schlüssel dieser Geschichte – die Kraft – liegt nicht in der bescheidenen Gottesanbeterin, sondern im Akt der Anpassung, welcher Offenheit erfordert, und im Zustand der Demut, den Wong Long am Schluss erreichte.

Das Studium der Tierstile (insbesondere Tiger, Leopard, Schlange, Kranich, Affe, Adler, Mystischer Drache und Gottesanbeterin) hilft uns, in unseren Bewegungen offen, natürlich und effizienter zu werden. Tiere haben einen perfekten, natürlichen Sinn für Gleichgewicht, Entspannung und Beweglichkeit, der zivilisierten Menschen fehlt. Naturvölker verfügen fast über den gleichen natürlichen Bewegungsrhythmus wie wilde Tiere. Kinder haben natürliche Bewegungen, verlieren sie aber durch den Einfluss Erwachsener.

Es ist für einen Suchenden nicht unüblich, vieles auszuprobieren und sogar in mehreren Stilen geübt zu werden. Bei manchen funktioniert das, bei anderen nicht. Seien Sie vorsichtig bei dieser Herangehensweise. Es geht nicht darum, ein Lexikon zu werden. Zu viel Hin- und Herspringen kann destruktiv sein. Hansdampf aller Stile, Meister keines einzigen.

Ich habe etwas mit Judo, Karate sowie verschiedenen verwandten und unverwandten Künsten und Wissenschaften experimentiert. Fast

Draw, Fechten, Turnen, Trampolin, Stepptanz, Ballet, Reiten, Renn- und Stuntfahrerei, Fahrrad, Basketball, Leichtathletik, Bergsteigen, Schwimmen, Tauchen, Kunstfliegerei; Gitarre, Klavier, Sitar, Dilruba, Mundharmonika, Flöte, Saxofon, Schlagzeug, Conga, Bildhauerei, Malerei, Kalligrafie, Volksmedizin, Viehzucht, Lesen, Schreiben, Holzbearbeitung und Mechanik.

Ich habe – aus einer Notwendigkeit heraus – zeitweise reinen Straßenkampf trainiert, wobei es manchmal ziemlich ernst wurde. Während ich in der Armee war, war ich anderen Formen des Kampfes ausgesetzt. All das ist mir zugutegekommen.

Wie es immer bei mir der Fall war, nahm ich mir das, was ich wollte. Ich habe den Tiger-Kranich nicht exakt *gelernt*, auch keine Form von Judo; doch ich *kenne* sie in dem Sinn, dass ich sie aufge- nommen habe und sie jetzt Teil meines geräumigen, sich ständig er- weiternden Süßwarenladens voller nützlicher Geschmacksrichtungen sind.

Dennoch bin ich immer wieder zum nördlichen Shaolin und den Lehren von Shifu Kam Yuen zurückgekehrt. Wobei … eigentlich habe ich sie nie verlassen. Vor langer Zeit verpflichtete ich mich diesem Weg. Die Wahrheit ist: mein Stil ist mein eigener. Ich studiere ver- schiedene Stile, in die ich meinen Körper hülle, die ich wie Kleidung tragen kann. Ich nutze das, was mir passt. Ich drücke mich selbst mit meiner eigenen Geschwindigkeit und meinem eigenen Rhythmus aus. Bestimmte Techniken, die mich besonders interessieren, lerne ich prä- zise und förmlich, manchmal wieder und wieder, nie genug davon bekommend. Das beinhaltet Lohan, Shaolin, Gottesanbeterin, Ling Po, Tai Chi und die zwölf Kombinationsübungen. Größtenteils bewege ich mich frei und spontan fort.

Versuchen Sie nicht so sehr, Geist und Körper unter Kontrolle zu halten, sondern vielmehr sie zu befreien.

Kam Yuen führt seine Form vor.

6. WANDLUNG

Man sollte nicht aus einer
schlammigen Quelle trinken.
Zur alten Quelle kommen keine Tiere.
– Yijing

Wir sind hierhergekommen, um uns zu verbessern. Wir können dies nicht tun und dabei gleichzeitig so bleiben, wie wir waren. Wir müssen uns wandeln, von jetzt an beginnend und ab diesem Zeitpunkt weiterführend. Wenn dieser Prozess des Wandels endet, hört der Fortschritt auf, Kristallisierung setzt ein, und Verfall ist die unausweichliche Folge.

Wandel ist die eine Konstante in dieser sich ständig verändernden Welt. Das ist eine anerkannte Tatsache in chinesischem Gedankengut, in Quantenmechanik, kosmischer Theorie und Kampfstrategie. Der zweite Hauptsatz der Thermodynamik besagt, dass die Menge an Aktivität nie abnehmen, sondern immer nur zunehmen kann, was im Grunde genommen bedeutet, dass Stillstand *nicht existiert*. Wir machen entweder Fortschritte oder verschlechtern uns.

Das Redundante versucht sich nicht zu ändern. Es wiederholt und wiederholt sich. Statisch. Wenn sich das Flexible seiner selbst nicht bewusst ist, ist es im Nachteil. Flexibilität wird planetarisch zum Statischen; sie dreht sich um es, sich ständig verändernd, beim Versuch, einen Weg zu finden, sich mit ihm auf konstruktive Weise zu verbinden. Schließlich findet das Flexible die »passende« Stellung, eine Art von Kommunikation wird hergestellt. Das Flexible hat sich dem Statischen untergeordnet, in sklavischer Abhängigkeit. Um diese Situation zu vermeiden, ist kreative Selbstmotivation erforderlich. Sie müssen sich losreißen.

Zu sagen: »Mein Stil hat sich seit dreihundert Jahren nicht verändert« und auf diese Tatsache stolz zu sein, ist ein Zeichen von Stagnation und Lustlosigkeit. *Mein* Stil hat sich gerade in diesem Moment erst verändert, als Folge des Schreibens dieses Satzes; und ich hoffe, dass er es sogleich wieder tut.

Ein Stil muss sich, genau wie alles andere, beständig von Generation zu Generation verbessern, oder vielmehr sogar von Moment zu

Moment; nicht deshalb, weil »neu« besser ist, sondern weil jeder Moment dem nächsten seinen Stempel aufgedrückt hat, sodass wir die gleichen Fehler und Unzulänglichkeiten nicht wiederholen müssen und uns mit den Veränderungen wandeln können.

Durch die modernen Trainingsmethoden und die moderne Ernährung sind die Leute heutzutage potenziell kenntnisreicher, stärker sowie geistig und körperlich schneller als jemals zuvor. Wir stehen sozusagen auf den Schultern unserer Vorfahren. Wir brauchen Lehrer, die in der Lage sind, uns zu neuen Leistungshöhepunkten zu motivieren und unser geistiges Potenzial zu befreien; keine Systeme, die uns auf überholte Leistungsebenen beschränken. Das Bewusstsein des Vergangenen sollte dem Gegenwärtigen dienen, das Zukünftige formen, und uns nicht zu seinen Sklaven machen. Das, was von Bedeutung ist, sind der Geist und das Wesen der Kunst; nicht die vorgegebene Abfolge von Schritten oder die Namen von Kategorien, Formen, Positionen und Techniken.

Neue und bessere Trainingsmethoden werden entstehen, wenn wir sie fördern. Die Kraft, die Herrlichkeit, das Wesen und die Geschichte der Künste müssen geehrt und bewahrt werden; doch die Methoden und Anwendungsformen sollten sich zum Besseren wandeln und neue Ideen unterstützt werden. Es ist nicht nötig, die Vergangenheit um jeden Preis zu erhalten. Vielmehr dient sie als Grundgerüst, auf dem wir aufbauen und das wir erweitern. Wenn wir uns nicht wandeln, können wir uns nicht verbessern und wir werden uns rückwärts bewegen, da es keinen Stillstand gibt. Die Tradition kann uns viel lehren. Sie muss allerdings unseren Bedürfnissen dienen und darf nicht zu unserem Meister werden. Kung Fu ist eine ewig wachsende Form der Kunst. Es wird immer Raum für Verbesserungen geben.

Es ist unerlässlich, dass auch weiterhin Menschen die Kunst durch Erweiterung und Verbreitung ihres Wissens fördern; anstatt Mühe und Energie damit zu verschwenden, Errungenschaften vergangener Zeiten zu verfechten oder den Status quo durch Unterdrückung von neuem Gedankengut bewahren zu wollen. Techniken und Trainingsmethoden sind nicht in Stein gemeißelt. Es gibt immer noch etwas, was uns neuzeitlichen Sterblichen zu sagen übrig geblieben ist.

Damit soll nicht ausgedrückt werden, dass in Bezug auf die traditionellen Herangehensweisen der Kampfkunst das letzte Wort gefallen wäre. Wir lehnen die alten Meister nicht ab. Was benötigt wird, ist ein Wiedererwachen verlorener Ideale und natürlicher Prinzipien, in Verbindung mit radikalen neuen Techniken und Vorgehensweisen. Begraben unter dem kollektiven Unbewussten des Menschengeschlechts existiert vergessenes Wissen, das jederzeit dazu bereit ist, ins Bewusste aufzutauchen. Alles, was wir dafür tun müssen, ist, unser eigenes inneres Selbst durch Techniken zu erforschen, die uns bereits zur Verfügung stehen.

Künstliche Lebensweisen und Arroganz haben uns dazu gebracht, die Verbindung mit den Weisheiten aus alter Zeit zu verlieren. Angst und Selbstgefälligkeit halten uns davon ab, uns loszureißen. Wissen und Weisheit erlangen wir nicht durch unseren verzerrten Verstand, sondern durch unsere Fähigkeit, die natürlichen und einfachen Wahrheiten unseres Platzes im Kosmos zu entdecken und zu akzeptieren.

Kung Fu als Vorstellung und Idee hört niemals auf, sich zu entwickeln. Es wird weiterhin wachsen, sich erweitern und reifen. Doch es kann nur in einem Behälter der Erfahrung keimen, gewärmt vom Geist der Innovation, ermutigt durch vertrauensvolle Begeisterung, Widmung und Hingabe.

7. SELBSTVERTEIDIGUNG

Der Feind ist Angst. Wir denken, es ist Hass; doch es ist Angst.
– Gandhi

Zeige mir einen Mann der Gewalt,
mit dem es ein gutes Ende nahm,
und ich werde ihn mir zum Lehrer nehmen.
– Laozi

Die Selbstverteidigung, eigentlich ein reines Nebenprodukt, ist für die meisten Menschen derart interessant, dass sie die zentrale Bedeutung und Wichtigkeit der Kunst des Kung Fu längst in den Schatten gestellt hat. Die Idee, über irgendein geheimes Wissen zu verfügen, das einen im Kampf unbesiegbar macht, ist das, was den Leuten hauptsächlich vorschwebt. Darin zeigt sich, wie viel Angst und Hass es in der Welt gibt.

Ein wahrer Meister des Kung Fu ist jemand, der niemals kämpft, sondern immer trainiert.

Jeder auf dieser Erde braucht eine Beschäftigung. Ganz gleich, ob es das Spielen der Gitarre, das Reparieren von Autos oder das Lösen von Kreuzworträtseln ist. Dies alles sind Wege, die Struktur des Universums zu untersuchen, damit wir anfangen können zu verstehen, wie es funktioniert. Die meisten Aktivitäten erfordern ein Subjekt und ein Objekt. Bei der Ausübung echten Kung Fus sind Subjekt und Objekt das Gleiche – man selbst. Demzufolge gibt es keinen Gegenspieler … oder, was vielleicht wichtiger ist, es wird gar keiner benötigt.

Meditieren Sie über diese Tatsache und spüren Sie die bemerkenswerte Veränderung, die sie in alles bringt. Einmal den Sinn des Gegeneinanders entfernt, wo liegt dann noch das Problem? Wo ist der Konflikt? Warum Furcht? Warum Hass? Wut? Wie kann es Versagen geben? Warum existieren all diese Dinge überhaupt in einem selbstgenügsamen, vernünftigen Organismus? Sie werden ganz gewiss nicht benötigt. Was für einen Zweck könnte es für jemanden, der sich der kosmischen Harmonie bewusst und eins mit der Natur ist, haben, sich auf einen Handkampf mit seinen Mitmenschen einzulassen? Das sind Dinge unseres Lebens, die wir auslöschen müssen; nicht fördern.

Traditionelle Lehren des Shaolin-Kung-Fu ermutigen weder zum Kampf noch zum Wettbewerb. Es gibt keine Prüfungen und auch keine Gürtel als Rangabzeichen. Die Schüler werden als Individuen behandelt, die sich mit ihrer eigenen Geschwindigkeit und auf ihren eigenen Levels fortbewegen. Können und Fortschritt werden innerlich beurteilt.

Was die Selbstverteidigung betrifft, so werden das Vertrauen und die Einsicht, die durch die Erkenntnis über den eigenen Körper entstehen, selbst den schärfsten Hauch von Aggression mit Leichtigkeit auslöschen. Gewalttätiges Handeln ist nicht wirklich nötig.

Ein sehr wichtiger Aspekt der Tüchtigkeit im Kung Fu und in allen Phasen des Lebens ist *Entschlossenheit* – die Fähigkeit, bewusst und nicht einfach willkürlich zu handeln. Die meisten von uns verbringen ihr Leben auf willkürliche Weise, reagieren auf Reize, ohne nachzudenken; als ob wir Chemikalien in einer Verbindung wären und nicht Geschöpfe freien Willens. Kung Fu lehrt uns zu wählen; die Macht zu haben, alle Alternativen zu sehen und unserem eigenen Willen entsprechend zu handeln, anstatt aufgrund anderer Leute oder Ereignisse. Diese Macht ist zur Selbstverteidigung sehr viel nützlicher, als es einfache Tritte und Schläge sind.

Ein Meister des Kung Fu wird seine Zeit gewöhnlich nicht mit jemandem vergeuden, der nur an Selbstverteidigung interessiert ist. Wenn solche Leute auftauchen, sagt ihnen der Shifu in der Regel, dass sie einen großen Stock mit sich herumtragen und ihn nicht nerven sollen. Der Shifu bevorzugt, kleine Klassen sich der Kunst gewidmet habender Jünger zu unterrichten und die Tätigkeit, armselig motivierte Schüler zu instruieren, die nur am Kämpfen interessiert sind, jemand anderem zu überlassen. Im Kung Fu kann man ein Schüler, ein Jünger, ein Meister oder ein Großmeister sein – der Jünger ist oft beinahe wie der »Sohn« seines Shifu; sollte der Shifu mitten in der Nacht anrufen und etwas von ihm verlangen, wird der Jünger es tun – diese Reaktion wird vom zwangloseren Schüler nicht erwartet.

Es gibt keine geheime Technik, die Sie unbesiegbar macht. Es wird immer jemanden oder etwas geben, von dem Sie übertroffen werden. Das liegt in der Natur der Dinge. Allerdings provozieren Sie diesen Ausgang geradezu, wenn Sie sich auf Aggression oder Verteidigung konzentrieren. Man nennt das »Ärger suchen«. Er wird Sie finden, wenn Sie nach ihm Ausschau halten.

Werden Sie jedoch nicht zum Sklaven dieser Einstellung. Wie ich gerade sagte, sie müssen wählen. Sie müssen Sie selbst sein. Wenn Sie Sparring machen oder den Sandsack treten wollen, tun Sie es. Wenn Sie kämpfen müssen, kämpfen Sie. Lassen Sie es aus sich raus. Mit dieser Herangehensweise können Sie es sicherlich weit bringen. Sie müssen Ihrem eigenen Herzen folgen. Es gibt Platz für jede Art von Suchendem. Alles bringt Sie weiter. Später wird immer noch genug Zeit sein, sich dem zu widmen, was Sie verpasst haben.

Laozi sagt: »Der, der zu leben weiß, der wandelt durchs Land und braucht nicht zu vermeiden Tiger und Nashorn. Er schreitet durch ein Heer und braucht nicht zu tragen Panzer und Waffen. Das Nashorn hat nichts an ihm, da es sein Horn einbohre. Der Tiger hat nichts, da er seine Krallen einschlage. Die Waffe hat nichts, das ihre Schneide aufnehme. Warum ist dem so? Weil es an ihm keine Stelle gibt, an der der Tod eindringen kann.« Diese Art von Meister zu werden müssen wir erstreben. Der Schlüssel liegt darin *zu wissen, wie man lebt*. Das ist, was wir lehren.

Die Kraft des Kung Fu bringt eine Gefahr mit sich, die durch geistiges Training bezwungen werden muss. Das bedeutet, es zu vermeiden, Menschen oder Ereignisse zu unserem eigenen Vorteil zu beeinflussen. Das einfachste Beispiel für diese Verantwortung ist das Credo, das besagt, dass die Kraft nur zur Selbstverteidigung benutzt werden darf. Selbst diese Aussage bleibt hinter dem Ideal zurück. Das wahre Ziel ist, Gutes zu tun, (sich selbst und andere) zu verbessern, zu lehren, zu heilen.

Dies ist einer der Gründe, aus denen ein Meister des Kung Fu wenig sagt und den Schüler nicht energisch antreibt. Der Schüler muss diese Überzeugungen in seinem eigenen Herzen finden und in seinem eigenen Zeitraum – andernfalls werden sie nur sehr geringe Bedeutung haben und missbraucht werden.

In der Vergangenheit wurden die Lehren des Kung Fu vor allen geheim gehalten, die keine Eingeweihten waren. Dadurch sollte vermieden werden, dass die Kraft in falsche Hände fällt. Leider ist das Praktizieren dieser Exklusivität mittlerweile bei den meisten Lehrern verloren gegangen. In vielen Fällen wurden bereits sie selbst falsch gelehrt. Das hat zur Folge, dass die Kunst oft für schlechte Zwecke benutzt wird und die Lehren an immer mehr Menschen weitergegeben werden, die sie schädlich einsetzen. Polizisten, Soldaten, Terroristen, Drogendealer und Kriminelle generell werden die Kunst (oder Teile von ihr) gelehrt. Das war niemals beabsichtigt.

Als Kung Fu noch ausschließlich von den Mönchen gelehrt wurde, konnten die Lehren unter Kontrolle gehalten und Meister sowie Schüler überwacht werden. Heutzutage kann sich jeder, der will, ein Schild mit der Aufschrift »Kung-Fu-Unterricht« an die Tür hängen, unabhängig davon, wie wenig er weiß oder was seine Absichten sind. Das hat grob trainierte Kämpfer ohne die Perspektive der Philosophie zur Folge und eine Verbreitung vieler Fehlvorstellungen bezüglich der Kunst.

8. QI

Das Schwache siegt über das Starke.
Den Fisch darf man nicht der Tiefe entnehmen.
Der SINN ist ewig ohne Handeln,
doch nichts bleibt ungewirkt.
– Laozi

Qi – oder innere Kraft – ist vielleicht *der* faszinierendste und geheimnisvollste Aspekt des Kampfkunsttrainings. Die Beschaffenheit des Qi ist schwer zu begreifen. Es ist die Kraft, die von innen kommt, nicht nur für den Kampf, sondern für alle Anstrengungen und für Gleichgewicht, Gesundheit und Langlebigkeit. Qi kann mit *innere Stärke* oder *Lebenskraft* übersetzt werden. Es befindet sich im Verstand, im Geist und im Körper. Qi ist das Bewusstsein von Kraft und Selbstbeherrschung, das Gewinnen der Energie des Universums aus dem Unterbewussten. Diese innere Lebensstärke ist weder von Größe noch von Körperbau abhängig und steht auch in keiner Beziehung zu diesen.

Ohne eine gewisse Stärke des Qi ist das Leben an sich unmöglich. Wenn das Qi reichlich vorhanden ist, hat man wahre Kraft. Krankheit und Depression verschwinden. Die Langlebigkeit nimmt zu.

Das Qi ist normalerweise keine rein körperlich lernbare Fähigkeit. Meistens kultiviert es sich selbst – als natürliches Nebenprodukt monate- und jahrelangen Trainings. Obwohl alles Training das Qi in bestimmtem Umfang erweitert, gibt es spezielle Übungen, die die Stärke des Qi ausbauen. Man sollte an diese Übungen jedoch lieber erst dann herangehen, wenn man gelernt hat, die Kraft des Qi zu kontrollieren.

Setzt man dies voraus, ist die einfachste Übung, mit der man Qi passiv aufbauen kann, das Stance-Training. Das Einnehmen eines Stance konzentriert das Qi. Normalerweise wird ein Pferde-Stance oder ein Vorwärts-Stance verwendet, man kann aber auch jeden anderen Stance benutzen. Zehen- oder einbeinige Stances sind sehr effektiv, da Gleichgewicht als Faktor hinzukommt. Wenden Sie den Stance nicht starr nach Muster an, sonst erzielen Sie den falschen Effekt. Schaukeln Sie hin und her, rollen Sie Hüften und Schultern und bewegen Sie die Arme, wenn Sie im Stance stehen. Fühlen Sie die Kraft. Schmecken Sie sie.

Umfassendes Stance-Training hat übrigens auch noch andere Effekte. Es stärkt Beständigkeit und Ausgeglichenheit. Es kann auch zur Entwicklung von Kraft in den Knochen und Gelenken führen – die Art von Kraft, die unfallbedingte Verletzungen ein Ding der Vergangenheit werden lässt.

Tiefe Atemübungen (besonders die, die als Qigong-Meditation bekannt sind) und das Ausführen fließender Bewegungen, in Verbindung mit Drills zur Beherrschung des Geistes, sind für gewöhnlich das Mittel zum Aufbau des Qi. Die kontinuierliche Bewegung der Kung-Fu-Formen fördert die für die Entwicklung der Qi-Kraft nötige Konzentration und Ruhe. Der Geist oder besser gesagt der Wille lenkt und der Körper handelt. Die sich daraus ergebende Energie und Kraft konzentriert sich in eine einzige Richtung. Die endgültige Stärke ist viel mächtiger als einfache Muskelkraft. Es ist ein energiekontrollierender Gedanke und eine gedankenkontrollierende Energie. Unter bestimmten Voraussetzungen kann der Geist diesen Energiefluss *sowohl* im Körper *als auch* in der unmittelbaren äußeren Umgebung kontrollieren.

Der Stoß ohne Berührung und Bruce Lees berühmter Zwei-Zoll-Faustschlag sind zwei bescheidene Beispiele für dieses Phänomen.

Diese Energie bildet die Basis der Akupunkturwissenschaft. Anscheinend gibt es innerhalb des Körpers noch ein weiteres Kreislaufsystem, ein Netzwerk von Energiefeldern. Eine Blockade des Energieflusses hat Schmerz, Schwäche und Krankheit zur Folge. Die Akupunkturnadel löst den Stau und stellt den Fluss der Energie wieder her.

Das Qi kann nur bei Abwesenheit von Angst und Anspannung existieren. Diese Faktoren verursachen Ungleichgewicht. Wenn man entspannt ist, befindet man sich nicht im Umsturz. Man kann sich konzentrieren; das klar erkennen, was getan werden muss, und es natürlich, spontan und unverzüglich erledigen.

Durch einen gestressten, schwachen oder kranken Körper kann das Qi nicht frei fließen. Überall dort, wo der Körper in irgendeiner Form eingeengt ist, wird der Fluss zum Stillstand kommen.

Die inneren Shaolin-Stile Taijiquan, Baguazhang und Xingyiquan basieren mehr oder weniger ausschließlich auf der Verwendung des Qi. Das Studium dieser Stile ist der direkteste Weg, es passiv aufzubauen. In geringerem Maß trifft das auf das Trainieren jeder langsamen Bewegungsübung zu. Es geht darum, sich auf sein inneres Selbst zu konzentrieren und eine sich selbst versorgende Schleife positiver Energie zu schaffen. Beim Ausüben der Tai-Chi-Form wird man diesen Effekt jedes Mal erzielen.

Mit zunehmendem Qi wird Beherrschung lebensnotwendig. Ein leichter Klaps mit den Fingern kann ernste Verletzungen hervorrufen, wenn das Qi erst einmal stark ist. Man muss sehr vorsichtig sein. Emotionen (wie Ärger, Angst oder auch nur Aufregung) können das Qi ungebeten in die Hand übergehen lassen.

Aus diesem Grund wartet der Suchende, bis er Tüchtigkeit in Meditation, Ruhe und der Kunst des Nichthandelns erlangt hat, bevor er sich spezifischerem, fortgeschrittenem Qi-Training zuwendet.

Diese Regeln sollen den Suchenden vor Ärger bewahren. Respektieren Sie sie, dann können Sie nichts falsch machen.

Vor Kurzem haben Forscher in Beijing, China, das Qi wissenschaftlich untersucht, um die Natur des Phänomens zu ergründen. Dabei wurden die erstaunlichen Leistungen der Qigong-Meister, wie sie genannt werden, dokumentiert, die – unter anderem – Unverletzlichkeit bei Schlägen mit Steinen und Schwertern sowie das Heilen akuter und chronischer Krankheiten beinhalten.

Diese Studien haben ergeben, dass das Qi nicht, wie früher angenommen, psychischer Natur ist, sondern tatsächliche, empirische Energie, die den Körper auf Pfaden extrem hoher elektrischer Leitfähigkeit durchfließt. Das Atmen und Meditieren beim Qigong erhöht diese Leitfähigkeit durch das Produzieren von Acetylcholin[27].

Bei der Akupunktur wird direkt in die Kanäle hineingestochen, was diese stimuliert. Wenn die Pfade frei und in gutem Zustand sind, fließt das Qi ungehindert – und Gesundheit und Stärke folgen.

---

[27] Ein Neurotransmitter, also ein biochemischer Stoff, der die Informationen von einer zur anderen Nervenzelle weitergibt. (Anm. des Übersetzers.)

9. MEDITATION

In der Ruhe und im Vertrauen liegt eure Stärke.
– Jesaja

Das Nichtseiende dringt auch noch in das ein,
was keinen Zwischenraum hat.
– Laozi

Eines Tages sagte Kam zu mir: »Warum meditierst du nicht? Das ist, worum es geht, David.« Also setzte ich mich hin und versuchte es. Ich war für gut eine Stunde mehr oder weniger abwesend. Ich flog. Ich kam als anderer Mensch zur Erde zurück. Das schien etwas zu sein, mit dem ich mich näher befassen sollte. Ich hatte allerdings nicht wirklich Zeit, mich völlig der regelmäßigen Meditation zu widmen. Deshalb entwickelte ich eine Technik, mit der ich – wann immer und wo immer ich wollte – für jeweils einen kurzen Augenblick meditieren konnte. Ich begann, es zwanzig oder dreißig Mal am Tag zu tun. Wie gesagt, ich war ein Naturtalent.

Meditation ist mehr als wichtig. Für manche ist sie das alleinige Ziel, der komplette Zweck des Studierens. Befürworter der Meditation glauben in der Regel, dass sich durch den Gebrauch dieser Kraft Ereignisse und Wahrscheinlichkeiten vorherbestimmen und zum Besseren wenden lassen.

Die bestmögliche Zeit zur Meditation ist direkt nach dem Training. Kung-Fu-Tanz stimuliert die Nebennieren und das para-nervliche System, es erhöht das Bewusstsein und steigert den Grad der Reizung. In diesem Zustand sind wir besonders empfänglich für die Kraft der Meditation. Tanzen verbraucht außerdem Acetylcholin, welches der elektrische Leiter zwischen den einzelnen Synapsen des Nervensystems ist. Meditation stellt den Acetylcholinvorrat wieder her und beruhigt die Nebennieren sowie das para-nervliche System. Tanzen und sitzen. Eine wahre Yin-Yang-Situation.

Wir denken mit dem Nervensystem – nicht nur mit dem Gehirn, sondern mit dem gesamten Nervensystem. Alles ist verbunden, bis hin zu den Finger- und Zehenspitzen. Der Magen leistet vermutlich mehr Denkarbeit als das Gehirn. Hunger kann mit Leichtigkeit die höchsten Ideale in den Hintergrund spielen. Wenn man sich darauf konzentriert, diese Faktoren in den Griff zu bekommen, führt dies zum Zentrum des Bewusstseins und erhöht die Kraft der Meditationsübung.

Setzen Sie sich auf den Boden, wo immer Sie gerade sind, und schließen Sie die Augen. Atmen Sie regelmäßig und lassen Sie das Herz ruhig werden. Leeren Sie Ihren Geist. Konzentrieren Sie sich auf das Eine – und dann vergessen Sie es. Sie meditieren.

Die aktiven und passiven Meditationen im Kung-Fu-Training bringen Frieden, Gelassenheit, ein Gefühl der Entlastung, Freiheit, ein Loslösen von den üblichen Lasten des Alltags; Körper und Geist arbeiten als eins. Ekstase. Durch diese Erfahrung wird man ein besserer Mensch und entscheidet sich – aus freien Stücken –, die Kraft, die man entwickelt hat, nicht zu missbrauchen. Ein entspanntes rhythmisches Bewegen und Stillstehen direkter Verursacher dieser Ekstase. Kreative, konstruktive Gedanken folgen, die von Geist und Willen gesteuert werden, nicht von Emotionen und vom Magen. Sobald dieser Zustand erst einmal regelmäßig auftaucht, können Sie davon ausgehen, dass Sie ihn nunmehr willentlich herbeirufen können.

Denken Sie immer daran, dass dies eine Technik ist – kein Ziel. Verlieren Sie die unendliche Natur Ihrer Suche nicht aus dem Auge. Meditation ist keine Antwort; sie ist lediglich eine nützliche Frage und ein armer, bescheidener Zeitvertreib. Der Pfad führt zum Weg. *Das* ist, was wir zu erreichen versuchen. Wenn der Weg gefunden ist, wird der Pfad nicht länger benötigt. Das Nirwana ist letztlich eine Sackgasse.

Es gibt kein Ziel. Nicht auf dieser Erde. Es existiert nur die Reise. Wenn Sie vergessen, dass diese Dinge *Werkzeuge* sind, werden Sie gefangen werden – und die Suche vergessen.

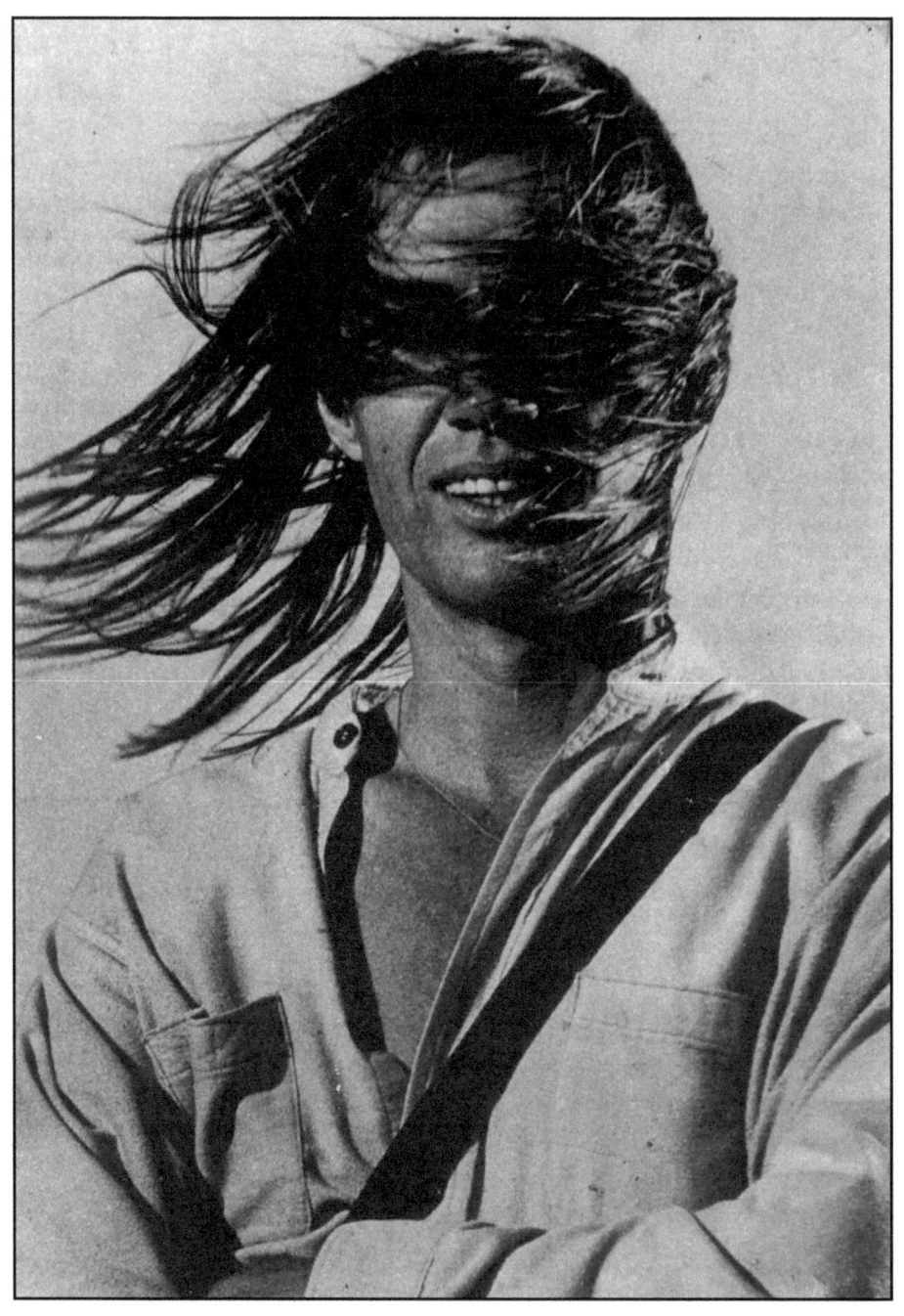

Der unergründliche Caine.
© 1972 Warner Bros. Inc.
Alle Rechte vorbehalten.

10. DAS WISSEN

Das Schönste, was wir erleben können, ist das Geheimnisvolle.
Wer es nicht kennt und sich nicht mehr wundern
oder staunen kann, der ist sozusagen
tot und sein Auge erloschen.
– Albert Einstein

Wodurch erfahre ich, wie das Universum ist?
Indem ich mich umsehe.
– Laozi

Philosophie meint wörtlich »Liebe des Wissens«, aber sich Wissen nur zum Zweck des Wissens an sich anzueignen ist nichts anderes als ein weiterer Zeitvertreib. Wissen braucht ein Ziel außer sich selbst. »Kung-Fu-Philosophie« bedeutet übersetzt »Liebe des Wissens, was zu tun ist«.

Die Grundlage allen Wissens ist das Studieren. Um korrekt anzufangen und sich auch weiterhin in die richtige Richtung zu bewegen, muss der nach Wissen Suchende lesen. Filme und Fernsehen haben ihren Stellenwert, aber das Lesen behandelt Worte als Symbole – die Art, auf die auch unser Gehirn Worte behandelt.

Am Ende dieses Buches befindet sich eine kurze Literaturliste, die dem Suchenden helfen soll. Es gibt da draußen noch viel mehr, doch Sie müssen es für sich selbst entdecken. Einige besondere Schriften sind in diesem Kapitel erwähnt. Sie sind ein wesentlicher Teil meines eigenen Lernens und ich gebe sie an Sie weiter.

Es handelt sich dabei nicht um Anleitungsbücher für Kampfkunst, sondern um tiefsinnige und größtenteils tiefgründige Werke über die Natur des Wesens des Universums. Manche von ihnen sind schwierig, andere hingegen fast reine Unterhaltung. Manche sind Werke der Fiktion und Fantasy. Kein Gesetz besagt, dass ernsthaftes Studieren keinen Spaß machen darf. Ich habe Teile meines philosophischen Grundverständnisses aus Comicheften.[28]

Die chinesische Schriftsprache, mit ihren mehr als fünfhundert Zeichen, besteht nicht aus Symbolen für Laute, sondern für Bilder.

---

[28] Am Ende des zweiten Teils von *Kill Bill* gibt es einen netten Monolog von David Carradine, bei dem sich dies auf interessante Weise zeigt. (Anm. des Übersetzers.)

Jedes Zeichen hat nicht nur eine einzelne Bedeutung – vielmehr stellt es viele Konzepte, Ideen und Vorstellungen dar. Aus diesem Grund kann kein geschriebener chinesischer Satz genau definiert oder übersetzt werden. Es wird immer mehr als eine Bedeutung existieren. Die Tradition hat die Schriftzeichen mit Verzierungen versehen, die sie unklarer erscheinen lassen. Antike chinesische Schrift ist einfacher gehalten und sehr viel leichter zu fühlen.

Auch wenn in der deutschen Sprache vieles ausgedrückt werden kann, wird uns Lesen alleine nicht über den gesamten Weg tragen. Diese Mysterien sind so tiefsinnig, dass es manchmal keine Worte gibt, um sie zu beschreiben. Ein Kung-Fu-Lehrer wird nicht über sie sprechen. Er wird – wenn er denn überhaupt spricht – über andere Dinge reden; kleine Dinge wie Techniken, Tricks und sofortige Ziele.

Der Schüler muss die wichtigen Vorstellungen in der Stille seines eigenen Geistes finden – beim Üben und Meditieren.

Hier sind die Bücher:

Das Studium des *Yijing* ist grundlegend. Das *Yijing* besteht aus vierundsechzig Symbolen, die Hexagramme genannt werden. Hexagramme sind Figuren mit sechs Linien, von denen manche durchgehend sind (Yang-Linien) und manche unterbrochen (Yin-Linien). Die Linien und die Hexagramme, die sie bilden, stehen für den Kosmos und die Kräfte des Wandels. Die Shaolin-Techniken nehmen ausnahmslos Bezug auf Jahreszeiten, Elemente, Kräfte des Wandels und universelle Phänomene. All diese Dinge werden im *Yijing* beschrieben und in den Kommentaren erklärt, die die Hexagramme begleiten.

Anscheinend hatte das *Yijing* vier Autoren. Fu Xi und König Wen werden abwechselnd als Erfinder der Hexagramme genannt, die den Kern des Buches bilden. Die ältesten schriftlichen Formen des Buchs sind etwa 4000 Jahre alt. Die gegenwärtige Version wurde von König Wen und seinem Sohn, dem Herzog von Zhou, um 1200 v. Chr. niedergelegt. Konfuzius scheint dem Text seine Kommentare im Jahr 600 v. Chr. hinzugefügt zu haben.

Die Leute benutzen das *Yijing* oft als Orakel. Während dies eine amüsante und vielleicht auch informative Weise ist, das Buch zu studieren, eröffnet sie nicht die Tiefen und das Breite Wissen, das das *Yijing* enthält, wenn man es um seiner selbst willen studiert.

Das *Daodejing* von Laozi und die *Inneren Kapitel* von Zhuangzi sind der Felsen der daoistischen Philosophie. Durch diese Werke bekommt man ein grundlegendes Gefühl und Verständnis chinesischen Gedankenguts.

Wei Wu Wei ist ein Pseudonym, das im Laufe der Jahrhunderte von vielen Mönchen benutzt wurde, wenn sie über die Mysterien nicht willensgesteuerten Lebens der *Handlung* und *Nichthandlung* schreiben wollten.[29] Ihr *Die einfache Erkenntnis* ist momentan vergriffen, kann aber in Antiquariaten und Bibliotheken immer noch gefunden werden. Dieses Werk ist ein sehr fortgeschrittenes Buch, das ein zielsetzungsloses Universum untersucht und zu definieren versucht, in welchem es weder Industrie noch Verlangen gibt und alles *Eins* ist. Es ist ein sehr dünnes Buch, braucht aber Jahre, um verstanden zu werden.

Das *Totenbuch der Tibeter* zeichnet ein vollständiges, wenngleich grauenvolles Bild der Brücke zwischen Leben und Tod. Es bietet, nebenbei bemerkt, eine gute Beschreibung des Wahnsinns, welcher der menschliche Verstand ist. Dies mag unbedeutend erscheinen, es ist jedoch alles andere als das. Vom Verständnis dieser Dinge rührt ein Großteil der Fähigkeit her, die in uns versteckten Kräfte zu entdecken, zu beherrschen und zu lenken.

Fritjof Capras *Das Tao der Physik* ist ein westliches Buch, das daoistische Lehren mit Begriffen der Quantenmechanik erklärt – und das Gleiche auch in entgegengesetzter Richtung, wodurch beides besser zugänglich wird.

Das nicht auf Deutsch erhältliche *Sun and Steel* von Yukio Mishima ist ein Bericht aus erster Hand über die Transformation eines außergewöhnlichen Mannes von einem gelehrten Intellektuellen zu einem mächtigen Kriegerphilosophen. Mishima bräunte und stählte seinen Körper durch Sonnenbad, Gewichtheben und Kampfkunst und wurde ein Samuraiprophet mit Tausenden von Jüngern.

---

[29] Das ist so nicht korrekt. *Wei Wu Wei* war das Pseudonym des irischen Lords Terence Gray (1895–1986). Dies wurde mir von seinem Verlag, der *Hong Kong University Press*, auf Anfrage auch nochmals bestätigt. Die entsprechenden Werke stammen also aus dem 20. Jahrhundert und sind keine altüberlieferten Weisheiten. (Anm. des Übersetzers.)

Später betätigte er sich als regimekritischer Aktivist, der sein Leben nach einem abgebrochenen Putsch, bei dem er erfolglos versucht hatte, die Armee für seine Revolution zu gewinnen, in Märtyrerschaft endete. Mishima wollte die Rückkehr der vom Materialismus besessenen japanischen Kultur zu den traditionellen Idealen von Ehre, Krieg und Poesie bewirken. Er beging öffentliches Harakiri, zusammen mit seinem treuesten Jünger und Liebhaber, der ihm sekundierte und mit ihm starb. Ein reines und exotisches Wunder des Zen-Extremismus.

Heraklits Werk ist voll von provokativen Beobachtungen über die wirkliche Beschaffenheit der Dinge, wobei im Allgemeinen die weltlichen Ansichten strenger Logiker widerlegt werden. Nur etwa hundert Fragmente seiner Überlegungen – niedergeschrieben um 500 v. Chr. – existieren noch. Dennoch werden Schüler vermutlich Jahre damit zubringen können, sich über seine Theorien zu streiten. Obwohl sein Werk wesentlicher Bestandteil des Studiums westlicher Philosophie ist, machen seine paradoxe Logik und seine Ideen bezüglich *des Einen* seine Lehren – in gewisser Weise – dem Daoismus ähnlich.

BUCH DREI
DIE LEKTIONEN

1. WARUM KUNG FU?

Im Umgang mit Personen,
die so eigenwillig und schwer zu
beeinflussen sind wie ein Fisch,
liegt das Geheimnis des Erfolgs darin,
den richtigen Zugang zu finden.
– Yijing.

Durch ihre Ruhe werden sie zu Weisen;
durch ihre Bewegungen Könige.
– Zhuangzi

Allen Menschen wohnt ein großes Verlangen nach Selbstverbesserung in sämtlichen Bereichen inne – körperlich und geistig genauso wie wirtschaftlich und sozial. Wir alle würden unsere Lebensqualität verbessern, wenn wir könnten. Nun, wir können. Uns stehen zahllose Wege offen. Die Frage ist nur, welchen man wählen soll. Körperliche Trainingsmethoden gibt es im Überfluss. Ständig begegnen uns Bücher zur Selbsthilfe und geistige Traktate. Wir müssen wissen, was funktioniert – und in welcher Hinsicht es das tut. Was sind unsere wirklichen Ziele bei diesem Streben? Wie weit werden sie uns bringen? Werden sie uns verletzen? Werden sie bewerkstelligen können, dass ihnen auf Dauer unser Interesse gilt? Werden sie uns mit den Werkzeugen versorgen, die uns dazu befähigen, unseren Willen auf die Aufgabe zu konzentrieren?

Ich gehe mal davon aus, dass jeder, der das hier liest, an etwas Tiefsinnigem und mehr oder weniger Allumfassenden interessiert ist.

Aerobic, Gewichtheben und Jogging hat alles etwas für sich. Andererseits sind das Herumhüpfen zu lauter Musik, die Strapazen und Qualen des Eisenstemmens, Schienbein- und Rückenprobleme – vom Trampeln auf Bürgersteigen verursacht – sowie Anspannung und Langeweile nicht wirklich das, was wir suchen. Und wo bleibt bei diesen Tätigkeiten die Entwicklung von Geist und Verstand? Sie ist in keiner nennenswerten Weise vorhanden.

All diese Aktivitäten sind schlicht und einfach nur genau das – Aktivitäten. Zwei Wochen Beschäftigung mit egal welcher von ihnen und schon gibt es nicht mehr viel mehr zu lernen. Von da an ist es eine Frage der Wiederholung und allmählichen Verbesserung (oder Verschlechterung).

Es gibt einen weiteren Aspekt, der meiner Meinung nach der Punkt ist, um den es geht: allgemeine Verbesserung der Beschaffenheit und Qualität des Lebens.

Das Studium von Kung Fu kann Ihnen dies bieten. Ich spreche von Gelassenheit; fehlender Anspannung; einem erhöhten Bewusstsein; einem größeren moralischen Charakter; gesteigerter Willenskraft; weniger Ermüdung; einem besseren Verständnis von sich selbst und seiner Umwelt; besseren sozialen Beziehungen; Vertrauen; materiellem Erfolg; Einheit mit der Natur; Freiheit von Furcht, Ängstlichkeit und Langeweile; Widerstandsfähigkeit gegen Krankheit; Freiheit von Lastern; gesteigerter Langlebigkeit – und der Fähigkeit, jemandem in den Hintern treten zu können.

Noch dazu macht es sogar Spaß und ist leicht, erbauend und mehr oder weniger ewig lohnend. Sie können sich zwanzig Jahre oder ein Leben lang dem Studium des Kung Fu widmen und dabei nie aufhören, jeden Tag etwas Neues zu lernen. Die Lehren werden ihr tägliches Leben in jeglicher Hinsicht infizieren.

Wenn Sie sich dem Kung Fu wirklich widmen – und die Gabe der Widmung ist eines der Geschenke, die sie von ihm bekommen –, wird es sie zu allen Arten unerwarteter Fähigkeiten führen. Sie werden Ihr Bewusstsein und Ihre Wahrnehmung schärfen. Sie werden mit Kunst, Musik, Literatur und Allgemeinwissen vertraut. Sie werden sowohl zu Realist als auch zu Mystiker. Sie werden die Welt um Sie herum mit Ihrer Stärke und Ihrem Wissen zusammenhalten.

Hört sich an wie eine unmögliche Allzwecklösung, nicht wahr? Aber verstehen Sie mich nicht falsch, es ist kein Gratistrip. Sie bekommen nur das, was Sie auch verdienen. Allerdings wird schon jedes kleine bisschen, das Sie aufnehmen, die Dinge verbessern.

Sie müssen dafür nicht Ihre bisherige Lebensweise aufgeben. Tatsächlich ist es sogar besser, wenn Sie das nicht tun. Die Magie muss an Ihnen, so wie Sie sind, arbeiten. Gehen Sie weiter zum Gewichtheben oder Joggen, wenn Sie denn wirklich wollen. Gehen Sie einmal in der Woche oder einmal im Monat zum Unterricht. Oder gehen Sie gar nicht. Es gibt keine Regel, die besagt, dass es keine Kung-Fu-Künstler geben darf, die die Sache lässig angehen. Wer weiß, vielleicht wird Sie der Ruf später noch erreichen. Oder vielleicht hören Sie irgendwann auf und nehmen all das mit sich, was sie gelernt haben und geworden sind.

Wenn Sie den ganzen Weg gehen wollen und den Willen dazu haben, gibt es auch diese Möglichkeit. Es kann ziemlich aufregend sein. Aber vielleicht ist es das für Sie nicht.

Die Ideen, die in diesen Lehren enthalten sind, sind einfach und kraftvoll, anregend, schnell und leicht – doch trotzdem zu viel für ein einziges Leben und paradoxerweise schwer zu verstehen.

Das ist der Weg und die Natur und die Praxis des Kung Fu – die Essenz und die Kraft. Es ist für Sie da, wenn Sie sich entschließen, sich danach auszustrecken und es zu ergreifen.

2. KUNG FU ALS HEILUNG

Dinge und Pflanzen sind weich und geschmeidig.
Wenn sie tot sind, sind sie spröd und trocken.
Ein unbiegsamer Baum wird schnell brechen.
Es ist der Weg des Himmels, denen zu nehmen,
die zu viel haben, und denen zu geben,
die nicht genug haben.
– Laozi

Da Kung Fu nicht bloß eine kämpferische, religiöse oder philosophische Disziplin ist, sondern eine *Lebensweise*, ist bei seinen Techniken natürlich auch ein Heilungssystem vorhanden.

Schon allein das Studium des Kung Fu wird Gesundheit sowie einen starken Körper und Geist bewirken, doch sind auch dynamischere Methoden verfügbar. Besondere Massagen und Akupressuren, Heilkräuter und Tinkturen, ausgleichende und heilende Bewegungen und Stances sowie bestimmte mystische Disziplinen, die mit Meditation und Weissagung zu tun haben – das alles kann spezielle Eingeweide, Organe, Krankheiten und Zustände positiv beeinflussen und ist Teil des Allgemeinwissens jedes Meisters. Ich habe bereits Shifu Kam Yuens Meister erwähnt – Tsou Chu Kai, der in der Lage war, zersplitterte Knochen durch Massage zu heilen, indem er die Stücke und Splitter zusammenarbeitete und sanfte Akupressur benutzte, um die Fasern miteinander zu verbinden.

Li Ching-Yuen, ein legendärer Kung-Fu-Ernährungswissenschaftler, von dem gesagt wird, er habe 256 Jahre gelebt, war Entdecker vieler solcher Heilmethoden. Die bekannteste von ihnen ist eine Kräutermischung namens »Fo Ti Tieng«, die große regenerative Kraft besitzen und zumindest zum Teil für seine lange Lebensdauer verantwortlich gewesen sein soll. In Naturkostläden werden Produkte unter dieser Bezeichnung verkauft; die wahre Formel ist jedoch ein Geheimnis.

Jeder kennt Ginseng. Ginseng ist eine wild wachsende Wurzel. Die Pflanze benötigt sieben Jahre, um ihre Wurzel voll auszubilden, die, wenn sie ausgewachsen ist, eine menschenähnliche Form hat. Gezüchtete Varianten haben keinen besonderen Wert, da die Pflanze zur Entfaltung ihrer heilenden Kräfte die harten Lebensbedingungen der

Wildnis braucht. Roter Ginseng ist ein Energielieferant, während gekochter weißer Ginseng einen beruhigenden Effekt hat. Die Pflanze verfügt über viele positive Nebenwirkungen, die hauptsächlich damit zu tun haben, Enzyme und Sekrete ins Gleichgewicht zu bringen – diese Eigenschaft findet sich bei beiden Arten. Die beste Sorte, laut Koreanern, Russen und Chinesen, ist wilder amerikanischer Ginseng, der zum größten Teil im tiefen Süden gefunden wird – die Amerikaner bestehen allerdings auf den koreanischen, sibirischen und chinesischen Varianten.

Viele der chinesischen Heilverfahren wurden im Westen jahrhundertelang ignoriert oder verspottet. Erst seit Kurzem fangen westliche Ärzte damit an, diesen Methoden eine teilweise Glaubwürdigkeit zuzusprechen. Zum Beispiel wird Akupunktur heute als schmerzstillendes Mittel akzeptiert, wenngleich ihre wichtigeren heilenden Aspekte immer noch als zweifelhaft erachtet werden. Chinesische Philosophie und chinesisches Wissen generell hatten (und haben immer noch) unter der gleichen Skepsis zu leiden. Dieses Vorurteil geht auf die alten Griechen zurück, die (in ihrem Eifer, den Kosmos fein säuberlich zu kategorisieren) versuchten alles auszulöschen, was sich nicht empirisch erklären ließ.

Ein Beispiel für ein Rezept, das von Abendländern abgelehnt werden muss, ist eine Kräutertinktur namens *tieh teh jieuw*, ausgesprochen »dai dah dschaou«. Diese Zubereitung wird von vielen chinesischen Martial Artists zur Linderung und Vorbeugung der Muskel-, Gelenk-, Sehnen- und Knochenschmerzen benutzt, die als Resultat harten Trainings auftreten. Sie hilft auch auf gewisse Weise gegen Arthritis und ist für das Heilen von Zuständen bekannt, gegen die die herkömmliche Medizin nichts ausrichten konnte. Innerlich angewendet wirkt sie auf manche Organe ein und fungiert als Tonikum. Ein Glas voll vor einem Match liefert zusätzliche Energie und verhindert blaue Flecken.

Die Formel besteht aus siebenundzwanzig einzelnen Zutaten – tierisch, pflanzlich und mineralisch –, deren Zubereitung eine Kunst für sich ist. Es ist offensichtlich, warum es einem Arzt schwerfallen würde, an ein Heilmittel zu glauben, zu dessen Bestandteilen pulverisierte Igelkralle und eine lebende Schlange gehören. Diese Art »Medizin«

wird von der wissenschaftlichen Gemeinde im Allgemeinen auf die gleiche Stufe gestellt wie Astrologie und Handlesen.

Es ist nicht die Absicht dieses Buchs, den Leser in esoterischen Heilmitteln zu unterrichten. Der Schüler wird diesen Dingen jedoch bei seinem Fortschreiten über den Weg laufen – vielleicht zu seinen Gunsten. Relevanter – und weniger erklärbar – ist der heilende Effekt des Studiums selbst. Gehen Sie zum Unterricht. Werden Sie gesund.

3. ERNÄHRUNG

Nein, Junge, es gibt keine Zigarette,
bevor du nicht dein Gemüse aufgegessen hast.
– Gail McCool

Körperliche und geistige Gesundheit, Stärke und Langlebigkeit – und sogar ein guter Gemütszustand – sind von richtiger Ernährung abhängig. Es ist unmöglich, über dieses Thema zu sprechen, ohne auf die zahlreichen Modeerscheinungen zu stoßen, die es umgeben.

Gute, gesunde, ausgewogene Mahlzeiten sind der Grundbestandteil – doch bereits hier herrscht eine weitgehende Uneinigkeit darüber, was das überhaupt ist. Lassen Sie uns damit beginnen, das offensichtlich Schlechte auszusortieren. Dass das alleinige Essen von Fleisch und Kartoffeln nicht genug ist, ist heute allseits bekannt. Verboten sind in der Regel alle Arten von Frittiertem. Junkfood ist Junk, also Müll. Damit haben wir einen guten Ausgangspunkt. Die beste Ernährung erzielt man mit frischem, nach Möglichkeit rohem Obst und Gemüse. An Fleisch, Fisch und Geflügel sollte man mit Vorsicht herangehen. Viele Experten sprechen sich gegen Milchprodukte aus. Ich persönlich folge dieser Theorie allerdings nicht. Eier sind sehr umstritten; Salz und Zucker, im Überfluss verwendet, Gift.

Aktuelle Studien in China, wo man die weit auseinandergehenden Essgewohnheiten einer riesigen Bevölkerung vergleichen kann, haben ergeben, dass eine vorwiegend vegetarische Ernährung definitiv den Cholesterinspiegel senkt, die Häufigkeit von Herzkrankheiten, Krebs, Magenproblemen und Organversagen verringert und die Lebensdauer erhöht. Anscheinend ist die menschliche Spezies wirklich dafür geschaffen, Beeren, Nüsse, Blätter, Wurzeln, Maden, Insekten und einen gelegentlichen Fisch zu essen.

Ein weiterer Faktor, der jedoch in Betracht gezogen werden muss, ist die Frage nach dem, was unsere Vorfahren gegessen haben. Aufeinanderfolgende Generationen, die über bestimmte Essgewohnheiten verfügen, schaffen eine evolutionäre Tendenz, die sich nicht bestreiten lässt. Wer von Wikingerkriegern (die an große Klumpen blutigen Fleisches gewöhnt waren) abstammt, wird vielleicht mit braunem Reis und Seetang nicht so gut zurechtkommen.

Vitamine und mineralische Zusätze können eine große Hilfe und eine große Falle sein. Nicht nur die übermäßige Einnahme von Vitaminen kann negative Auswirkungen haben; eine falsche Zusammenstellung oder Zubereitung kann sie dazu bringen, den Körper richtig zu schwächen. Es scheint keine zuverlässigen Informationen darüber zu geben, welche Vitamine gut sind und welche nicht. Kinesiologie macht mir den Eindruck, die Effektivität von Vitaminen und Zusätzen analysieren zu können – sofern Sie in der Lage sind, sie zu akzeptieren.

Die beste Quelle zur Vitamin- und Mineralstoffaufnahme sind zweifellos gesunde, natürliche Nahrungsmittel und eine umfangreiche Palette an Heilkräutern.

Wenn Sie es ausgefallen mögen, gibt es da noch die Aminosäuren und solche Sachen wie Extrakte aus rohen Organen, die nach der Theorie »Wenn Ihre Bauchspeicheldrüse Hilfe braucht, essen Sie Bauchspeicheldrüse.« funktionieren. Einen Versuch ist es wert, falls Ihr Budget das verträgt.

Es gibt einige Tricks, mit denen Sie an Ihrer Ernährung herumspielen können – wenn Sie aufpassen, nicht über Bord zu fallen. Vince Gironda[30] (von *Vince's Gym*), der seit rund fünfundzwanzig Jahren mein Bodybuilding-Guru ist, empfiehlt für Gewichtsverlust eine vegetarische Diät, die hauptsächlich aus Salaten besteht. Mit Salaten meine ich rohes grünes und gelbes Gemüse mit ungesättigtem Öl und Zitronensaft als Dressing. Diese Kur wird Ihre Pfunde purzeln lassen. Um einen schlanken, muskulösen Körper zu bekommen, verschreibt er rohes Fleisch und Wasser. Das ist eine gefährliche Diät. Es mangelt ihr an allen Vitaminen und Mineralien und sie werden wahrscheinlich anfangen, sich zu Hause wie ein hungriger Tiger aufzuführen. Sechs Wochen dieser Kur, mit entsprechenden Präparaten zur Nahrungsergänzung, sind das von ihm empfohlene Maximum. Ernähren Sie sich dann eine Zeit lang normal, bevor Sie wieder mit ihr anfangen. Und passen Sie auf Ihre Launen auf!

Meine Brüder und ich haben ein Rezept für einen Bodybuilder-Snack. Dabei handelt es sich um Brocken rohen Rindfleischs, die mit

---

[30] Der als »Eisen-Guru« bekannt gewordene Vincent Gironda ist am 18. Oktober 1997 im Alter von 79 Jahren verstorben. (Anm. des Übersetzers.)

Olivenöl, Knoblauch, Zitronensaft und gehackten Zwiebeln mariniert sind. Wir essen sie mit den Fingern und machen uns dann ans Bearbeiten des Sandsacks. Unser Name dafür ist »Tarzan-Essen«. Es verschwindet immer sehr schnell.

Vegetarismus ist eine Ernährungsweise, die seit Langem dafür bekannt ist, geistige Klarheit, körperliche Gesundheit und potenzielle Langlebigkeit zu bewirken. Damit ist allerdings nicht gemeint, ständig Auberginenauflauf oder Makkaroni zu essen. Vielmehr geht es um rohes, oder einfach gegartes Obst und Gemüse sowie ganze Körner und Nüsse.

Es gibt viele verschiedene Diäten, die »vegetarisch« genannt werden, manchmal fälschlicherweise auch solche, die Fisch oder Huhn beinhalten. Lacto-Vegetarismus schließt Milchprodukte mit ein. Vegan bedeutet überhaupt keine tierischen Produkte – welcher Art auch immer – zu verwenden. Frugan bedeutet ausschließlich Obst. Ich habe mit allen herumexperimentiert. »Nichts, was wegrennt, wenn du versuchst, es zu essen« ist eine gute Variante. »Nichts, das zwei Augen und einen Mund hat« lässt Venusmuscheln und Austern mit hinein. In diesen Diäten werden Vorstellungen von guter Ernährung mit moralischen oder ethischen Überlegungen vermischt – oder Anflügen von besonderer Kreativität. Man kann sich darin verlieren. Oder sich finden.

Trennkost ist noch etwas, dem Sie Ihre Aufmerksamkeit widmen können. Sie basiert auf der Idee, dass Ihr Körper, wenn Sie ihm bei der Nahrungsverarbeitung weniger Probleme bereiten, mehr Freiheit hat, sich auf andere Dinge zu konzentrieren, wie Regeneration und Heilung. Manche Lebensmittel werden in unterschiedlichen Teilen Ihres Verdauungstrakts verarbeitet. Es ist nicht wirklich gewinnbringend, wenn man seinen Körper dadurch irritiert, dass man sich den Magen mit vielen verschiedenen Dingen vollschlägt. Beispielsweise vertragen sich Stärke, konzentrierte Eiweiße und Kohlenhydrate nicht gut miteinander, da Sie verschiedene Enzyme benötigen, um verdaut zu werden.

Es gibt etwas, was »schleimfreie Heilkost« genannt wird und meiner Meinung nach viel Sinn ergibt. Das Prinzip besagt, dass man alles, was dazu neigt, den Körper zu verkleben, aus ihm heraushalten soll.

Arnold Ehrat, der diese Ernährungsweise etabliert hat, bekam leider nicht die Chance, ihren langfristigen Nutzen selbst unter Beweis zu stellen. Er wurde in der Blüte seines Lebens von einem Fleischlaster überfahren.[31]

Schließlich ist da noch das Fasten. Es hat definitiv seine guten Seiten. Ohne Nahrungszufuhr von außen benutzt unser Körper das, was er finden kann. Er beginnt mit den gespeicherten Fetten und anderem herumliegenden Müll, wobei er auch angesammelte Gifte entsorgt. (Das kann anfangs zum Problem werden, da die Gifte erst einmal in Ihren Kreislauf gelangen, wo sie Schaden anrichten können.) Durch extremes Fasten werden Sie Muskelmasse genauso wie Fett verlieren, da der Körper damit beginnt Muskeln auszuschlachten, wenn Ihre Notfallreserven aufgebraucht sind. Vermeiden lässt sich dies mit einer flüssigen Aminosäure als Nahrungsergänzung. Dadurch nehmen Sie ab, behalten aber trotzdem Ihre Stärke. Letzten Endes wird der Körper durch das Fasten jedoch damit anfangen, Ihre nicht lebenswichtigen Organe abzubauen und außerdem Blutarmut zu entwickeln. Während das Fasten also einiges Positives bewirken kann – vielleicht sogar Ihr Leben retten –, kann es Sie aber auch töten, wenn es sich vom Fasten zum Verhungern steigert.

Die beste Regel ist Mäßigung, ein gewisses Maß an Abstinenz und ein asketisches Herangehen ans Essen. Hören Sie auf, nur zum Vergnügen zu essen. Ich weiß, dass ich mich so gesund wie nie gefühlt habe, als ich auf einer Diät aus frischem Saft, Obst und Gemüse war. Ich aß gigantische Salate und war schlank und stark. Ich hatte jede Menge Energie und brauchte wenig Schlaf. Mein einziges Problem war, dass ich es nicht schaffte, daran festzuhalten.

---

[31] Dabei handelt es sich um einen Mythos. Tatsächlich rutschte Ehret aus und zog sich beim Sturz einen tödlichen doppelten Schädelbasisbruch zu. (Anm. des Übersetzers.)

4. STRETCHING

Gleite wie die Wolken:
Lass dich vom Wind treiben.
– Meister Po

Das Allererste, was es zu erreichen gilt – noch vor Techniken, Kraft und allem anderen –, ist Beweglichkeit. Wenn ein Anfänger versucht, Kraft zu entwickeln, denkt er immer nur ans Muskelbeugen. Doch das ist nur die Hälfte des Ganzen. Das Dehnen der Muskeln ist genauso wichtig. Die meisten Schüler machen Dehnübungen einfach nur zur Auflockerung, damit die Muskeln während des Workouts nicht gezerrt werden. Aber auch das ist – wieder – nur die Hälfte. Um eine größtmögliche Beweglichkeit zu erlangen, muss das Stretching ein tiefgründiger Vorgang werden.

Einmal sagte ich zu Shifu: »Ich kann meine Füße nicht berühren, ohne die Knie zu beugen.« Daraufhin meinte er: »Beuge die Knie.« Ich versuchte es. Mit gebeugten Knien packte ich meine Füße und zwang meine Beine dann dazu, sich zu strecken. Nach einer Weile schaffte ich es. Später sagte Shifu: »Warum machst du das nicht im Sitzen? Das ist bequemer.« Einige Zeit darauf fand ich mich in einer ungewöhnlichen Lage wieder: Meine Beine waren durchgestreckt, der gesamte Oberkörper nach vorne gelehnt und mein Kinn berührte den Boden. Ich atmete mühelos und fand die Position sogar total bequem. Ich meinte zu Shifu: »So könnte ich glatt für immer dasitzen.« Woraufhin er erwiderte: »Jetzt hast du's raus.«

Damit die Übung wirklich effektiv sein kann, muss jedem Teil des Trainings gründlich nachgegangen werden – als Ziel in sich selbst.

Seien Sie nicht in Eile. Durch Hast werden Sie nur langsamer dorthin gelangen, nicht schneller.

5. STANCE-TRAINING

Hör auf rumzukaspern
und stell dich hin.
– Elia Kazan

Stance-Training ist einer der wichtigsten Aspekte der Kunst. Stance ist die Grundlage für alle Bewegungen. Ihre Stärke, Ihre Stabilität und Ihre Geschwindigkeit hängen von Ihrem Stance ab.

In den Shaolin-Tempeln musste ein Schüler traditionell erst etwa ein halbes Jahr mit reinem Stance-Training verbringen, bevor ihm erlaubt wurde, mit dem Erlernen der Bewegungen zu beginnen. Heutzutage werden einem neuen Schüler die Bewegungen sofort beigebracht. Ich habe von Anfang an bereits sehr fortgeschrittene Techniken gelernt, manchmal nur Minuten bevor ich Sie vor der Kamera zeigen musste.

Bei dieser Art des Studierens wird die Wichtigkeit des Stance-Trainings minimiert. Kein moderner Schüler wird je das langsame und stetige Wachstum erleben, das für einen Kung-Fu-Grünschnabel der alten Schule Standard war. Das ist ein großer Verlust – einer, den wir auszugleichen versuchen müssen, wenn wir können.

Das langsame Lernen der Basis-Stances bildet die Grundlage, auf der alle Techniken und Disziplinen des Kung-Fu-Trainings aufbauen.

Der »**Horse Stance**« (**Pferde-Stance**): In früheren Tagen übte ein Schüler sechs Monate lang das und nichts anderes. Füße auseinander, etwas weiter als Schulterbreite, Zehen leicht gespreizt, Beine gebeugt, Rücken gerade, Schultern hängend, Arme an den Seiten leicht ange-winkelt, Fäuste an der Hüfte geballt, Augen gerade nach vorne. Zie-hen Sie das Becken vorwärts, sodass der Hintern nicht hervorsteht. Wenn Sie all das ausgeführt haben, werden Sie im Gleichgewicht sein. Um den Stance zu überprüfen, schauen Sie nach unten und vergewis-sern Sie sich, dass die Füße von den Knien verdeckt werden. Mit ge-nug Übung wird Ihnen dieser Stance bald leichtfallen und angenehm werden. Wiederholung wird Sie stärken.

»Forward Stance« (Vorwärts-Stance): Drehen Sie sich nach rechts, beugen Sie das vordere Knie und drücken Sie das hintere Bein durch. Winkeln Sie dabei den vorderen Fuß um etwa fünfundvierzig Grad an, den hinteren etwas weniger. Zentrieren Sie den Körper über den beiden Beinen. Die Schultern hängen, der Rücken bleibt nach wie vor gerade und der Kopf nach oben gerichtet. Sie können auch diesen Stance überprüfen, indem Sie nachschauen, ob die Füße von Ihren Knien verdeckt werden.

»Reverse Forward Stance« (umgekehrter Vorwärts-Stance): Genau wie oben, aber in die entgegengesetzte Richtung. Versuchen Sie, den Positionswechsel ohne Störung des Gleichgewichts durchzuführen und passieren Sie auf dem Weg den Horse Stance. Halten Sie es am Fließen.

»**Heel Stance**« (**Fersen-Stance**): Strecken Sie, vom Forward Stance ausgehend, das vordere Bein, sodass Ihr ganzes Gewicht auf das hintere verlagert wird. Heben Sie die Spitze des vorderen Fußes, wobei die Ferse auf dem Boden bleibt.

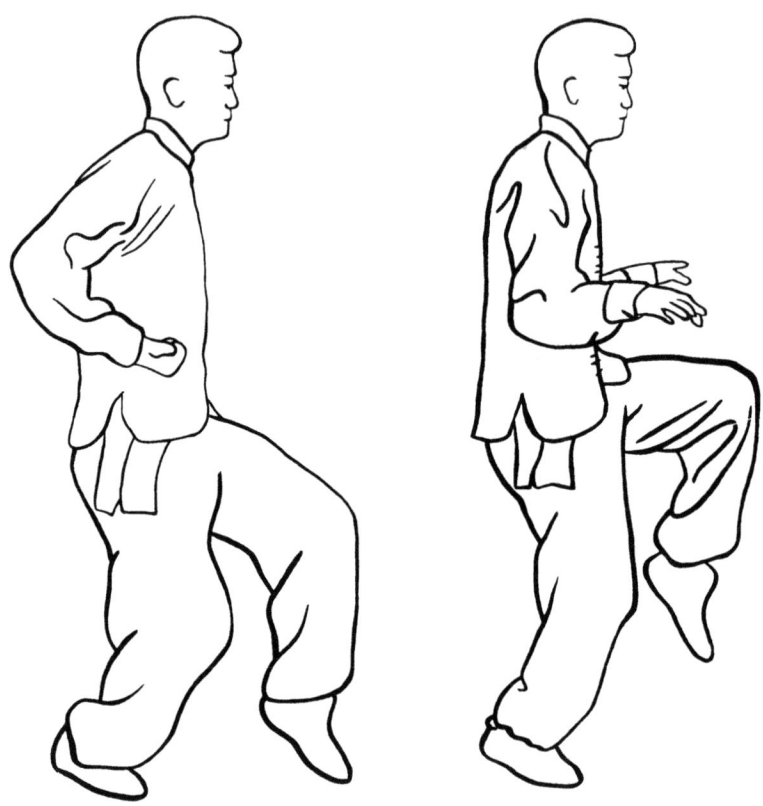

»**Toe Stance**« (Zehen-Stance) oder »**Cat Stance**« (Katzen-Stance):
Bei diesem Stance liegt alles Gewicht auf dem hinteren Bein, das leicht
gebeugt ist. Das vordere Bein ist ebenfalls leicht gebeugt und nach
vorne gestreckt, die Fußspitze berührt den Boden. Dies ist möglicherweise der flexibelste aller Stances, bereit zur Bewegung oder zum
Sprung in jede Richtung.

Heben Sie das vordere Bein, die Fußspitze nach unten gerichtet,
und halten Sie es senkrecht und nahe zum Körper. Wenn Sie die Arme
zum Halten des Gleichgewichts zur Seite strecken, haben Sie einen
einfachen »**Crane Stance**« (**Kranich-Stance**) erreicht (rechte Zeich-
nung).

Es gibt noch weitere Stances, aber dies sind die grundlegenden und wichtigsten. Das Üben verleiht dem Schüler Stärke, Gleichgewicht und Stabilität, mit denen er zu den anderen Stances fortschreiten kann. Stance-Training soll zu einer meditativen Haltung des Geistes führen und ist absolut notwendig, um die Grundlage zu schaffen, von der ausgehend die Techniken entwickelt werden, die darauf folgen. Sie können nicht treten, wenn Sie nicht stehen können.

Statisches Training, bei dem der Schüler den Stance stillhält, ist nur ein Teil des Ganzen. Diese Aufgabe, die leider bei den meisten Lehrern üblich ist, ist eine träge Übung, die hauptsächlich dazu dient, Ausdauer zu entwickeln. Sie macht den Schüler angespannt und weniger frei, sich schnell zu bewegen. Stance sollte fließend von einer zur anderen Position übergehen, mit Leichtigkeit und Anmut. Ein schwerfälliger Stance ist ein verwundbarer Stance.

Die dynamische Methode ist, einen Stance nur für einen Moment einzunehmen und sich dann geschmeidig zum nächsten weiterzubewegen, wobei die Position der Arme ebenfalls geändert wird. Begeben Sie sich langsam von einer Pose in die andere, ohne anzuhalten: Horse Stance, Forward Stance, Toe Stance, Heel Stance – immer im Wandel, niemals statisch. Lassen Sie sich vom Wind treiben, gleiten Sie wie die Wolken.

Diese Ausführung ist nicht sehr hilfreich, wenn Sie keinen Lehrer haben, der Ihnen zeigt, wie es geht – Sie hier und dort berührt, um Sie zu korrigieren, und Ihnen das Richtig und Falsch Ihrer Bemühungen veranschaulicht. Man kann das nicht aus einem Buch lernen.

Das, was ich hier versuche, ist lediglich, Ihnen einen kleinen Vorgeschmack zu geben – und Sie damit hoffentlich so zu begeistern, dass es sie zum *Unterricht* hinzieht.

6. DER UNTERRICHT

Hinsetzen und Klappe halten!
– Humphrey Bogart

Der Schüler muss letztlich zum Unterricht gehen. Ohne Hilfe ist es nicht möglich, sehr weit auf diesem Weg voranzuschreiten. An Kung Fu kann man nicht als Einzelner alleine herangehen. Das Geben und Nehmen und die gegenseitige Beeinflussung in der Gemeinschaft sind eine absolute Grundvoraussetzung.

Die Wahl eines Kurses sollte mit Bedacht geschehen. Am Anfang wird jeglicher Einfluss einen anhaltenden Effekt haben. Einfach irgendwo hineinzumarschieren, wo außen ein Schild mit der Aufschrift »Kung-Fu-Unterricht« an der Tür hängt, ist das Letzte, was Sie tun sollten. Jeder, der will, kann so ein Schild benutzen.

Die Seiten dieses Buchs können Ihnen keinen Meister aussuchen. Sie müssen ihn selbst finden. Seien Sie skeptisch gegenüber Geschichten von Kraft, Versprechen von außergewöhnlichen Leistungen oder Erfolgsgarantien. Ein gutes System wird die Sache immer einfach, aufrichtig, klar und nüchtern beschreiben.

Bleiben Sie vor allem von Orten weg, die mit »Kung-Fu-Karate« werben. So etwas gibt es schlicht und einfach nicht.

Dann ist da noch die Frage des Stils: Welcher ist für *Sie* der beste? Ihre Persönlichkeit spielt dabei auch eine große Rolle.

Forschen Sie. Schauen Sie sich um. Fragen Sie – immer daran denkend, dass jeder seinen Shifu oder Stil für den besten hält. Sobald sie einmal in einer bestimmten Klasse sind, tendieren Schüler dazu, für alle anderen Schulen blind zu werden, genau wie für die Schwächen Ihres eigenen Lehrers. Lassen Sie nicht zu, dass es Ihnen genauso geht. Bleiben Sie skeptisch und offen. Hören Sie auf sich selbst.

Die meisten Kwoons unterrichten während einer Sitzung sowohl Anfänger als auch Fortgeschrittene. Der Unterricht beginnt mit Stretching. Stretching ist genauso wichtig wie jeder andere Teil. Es ist für die Entwicklung von Geschmeidigkeit, Beweglichkeit, Ausdauer und Stärke verantwortlich und bewahrt den Körper vor Verletzungen während des Unterrichts. Das Stretching ist auch eine Zeit friedlicher

Meditation. Die Dehnübungen sind zahlreich und denen anderer Athleten sehr ähnlich, hinzu kommen jedoch noch viele Yoga-Positionen und -Bewegungen – sowie einige, die mit Ballettübungen identisch sind.

In dieser Zeit des Unterrichts werden Sie auch Ihre Atmung trainieren. Sie müssen sich so oft Sie können auf sie konzentrieren. Schon bald wird richtiges Atmen für Sie ganz natürlich werden und in Ihr tägliches Leben übergehen.

Eine gute Idee ist es, sich zur Gewohnheit zu machen, schon etwas früher zum Unterricht zu kommen, sodass Sie für sich selbst Ihre eigenen Aufwärmübungen und Dehnungen durchführen können. Dies kann ein sehr ergiebiger persönlicher Moment werden. Außerdem wird diese Praxis den Shifu dazu bringen, Ihnen besondere Beachtung zu schenken. Für ihn wird es sehr nach außergewöhnlicher Widmung aussehen. Falls Ihnen das unaufrichtig erscheint, machen Sie sich keine Sorgen. Gehen Sie die einzelnen Bewegungen durch. Die Aufrichtigkeit wird zu Ihnen kommen.

Nach dem Stretching geht der Unterricht mit Stance-Training und der Übung grundlegender Techniken weiter – Tritte, Schläge und Beinarbeit –, gefolgt von Zusammensetzungen dieser Elemente. Dieser Teil des Unterrichts ist ziemlich streng.

Dann kommen die Kombinationsübungen – ineinandergreifende Gruppen von Techniken, die dem Erlernen der längeren Formen vorausgehen. Nach der nördlichen Shaolin-Tradition werden zwölf gelehrt, wobei allerdings den meisten Schülern nur vier davon gezeigt werden. Wenn ein Suchender außergewöhnliche Hingabe zeigt, werden weitere vier enthüllt. Die letzten vier werden nur selten und nur wirklich ernsthaften Jüngern gezeigt. Während dieses Teils des Unterrichts bleibt der Anfänger zunächst gemäß seinem Lernstand bei den anderen und setzt sich danach an die Seite, um seinen weiter fortgeschrittenen Kollegen hungrig beim Üben der Bewegungen zuzusehen, die er noch nicht kennt.

Die nächste Stufe des Unterrichts ist in mehrere Kategorien aufgeteilt. Der Lehrer gibt jedem Schüler auf dessen eigenen Niveau individuelle Hilfestellung. Der Neuling lernt weiter die Übungen, während die Fortgeschrittenen am Lernen und Perfektionieren von Formen, weitergehenden Techniken und Sparring arbeiten.

Formen sind das Mittel zum Lernen und Verstehen der verschiedenen Stile des Kung Fu. Es gibt Hunderte von ihnen, plus genauso viele Waffenformen. Mit Ausnahme der ersten ein oder zwei grundlegenden werden sie in keiner bestimmten Reihenfolge gelernt. Der Schüler entscheidet gemeinsam mit dem Lehrer, in welche Richtung er fortschreiten will oder in welche es nötig ist fortzuschreiten.

Dieser Ablauf ist keine universell gültige Beschreibung. Es gibt genauso viele verschiedene Methoden, wie es Lehrer und Schüler gibt. Allerdings ist das – zumindest so in etwa – die traditionelle Art der Unterrichtsgestaltung.

Manche Lehrer lassen die Formen komplett weg, weil sie diese Art des Lehrens für zu strukturiert halten, um einen maximalen individuellen Fortschritt zu gewährleisten. Der hauptsächliche Zweck der Formen ist, dass sie die zahlreichen Stile auf solide, unveränderte Weise zeigen, die auf Jahrhunderte oder vielleicht Jahrtausende zurückgeht. Da die Stile nicht angemessen niedergeschrieben werden können, sind die Formen für uns die einzige Möglichkeit sicherzustellen, dass sie originalgetreu weitergegeben werden.

Außerhalb der Stunden wird denen, die es wünschen und verdienen, weiterer Unterricht erteilt. Diese weitergehenden Kniffe werden größtenteils vertraulich gelehrt. Hier kann der Suchende wirklich ausbrechen: Ordnung und Struktur willentlich verlassen, nach dem Limit greifen. Fliegen.

Eine der glücklichsten Zeiten, die ich je verbracht habe, waren die Monate und Jahre, als Shifu Kam Yuen und ich durch die Welt gereist sind und gemeinsam trainiert haben. Ich erinnere mich besonders an ein Jahr, ich glaube, es war 1977, als wir zusammen in Frankreich bei den Filmfestspielen von Cannes waren. Wir wohnten in einem großartigen alten Hotel auf einer Klippe über dem Mittelmeer, in einer Gegend namens Cap d'Antibe. Dort gab es einen etwa anderthalb Hektar großen Garten, in dem es während der Festspiele vor berühmten Leuten sowie wichtigen Personen des Filmgeschäfts und der Regierung wimmelte.

Jeden Tag verbrachten Shifu und ich viele Stunden des gemeinsamen Trainings in einer Ecke des Parks, schwitzend und Philosophie diskutierend. Dann warfen wir uns in Schale und besuchten die Veranstaltungen und Interviews. Wir gaben auch mehrere Vorführungen. Es war eine wirklich schöne Zeit, die die perfekte Beziehung zwischen Jünger und Meister verkörperte.

Wenn ein solcher Moment zu Ihnen kommt, kosten Sie ihn aus. Nehmen Sie so viel auf, wie Sie können. Er wird nicht ewig währen.

David Carradine und Kam Yuen in Cannes, Frankreich.
Foto © Yves Coatsaliou.

7. WENN SIE VOM WEG ABKOMMEN

Die Angelegenheiten der Menschen werden oft
einen Schritt vor der Vollendung verdorben.
Durch Behutsamkeit am Ende, gleich wie am Anfang,
wird Misslingen verhütet.
Die Straße ist leicht zu beschreiten,
doch die Leute lieben die Seitenwege.
– Laozi

Früher oder später erleben viele Schüler eine Blockade in ihrem Studium. Sie sitzen auf einer Ebene fest, scheinbar unfähig, weiter fortzuschreiten. Manchmal ist das die Schuld des Lehrers. Wenn das der Fall ist, wird es Zeit weiterzuziehen. Meistens handelt es sich allerdings um ein innerliches Problem, verursacht durch schlechte Lerngewohnheiten, falsche Einstellungen oder private äußere Ablenkungen.

Fast alle von uns sind anfangs Dickköpfe. Wir lernen Formen und Techniken auf unsere eigene Weise, die Bewegungen so interpretierend und anpassend, dass sie unseren eigenen Vorurteilen und Schwächen gerecht werden. Diese Herangehensweise ist unweigerlich zum Scheitern verurteilt. Wir werden mit einer von uns selbst geschaffenen Barriere konfrontiert und das Studium vermutlich nicht fortsetzen. Wenn wir berufen sind, werden wir schließlich zurückkehren – die meisten unserer Techniken vergessen habend – und mit größerer Bescheidenheit und Widmung von vorne beginnen. Das ist das Lernen, das wirklich zählt. Wir werden Dinge sehen, die wir nie zuvor gesehen haben. Unsere Körper werden uns mit Wissen überraschen. Das Verinnerlichen jeder Lektion wird auf uns wie eine Befreiung wirken und wir werden nicht wieder vergessen.

Angst ist das, was anfangs am meisten im Weg ist – zu denken, dass etwas nicht geschafft werden kann, und sich vor dem Versuchen zu fürchten. Diese Angst kann andauern und – wenn man ihr freien Raum lässt – wachsen. Am Schluss wird sie wahrscheinlich alles andere verdrängen und Sie zum Anhalten zwingen. Sie müssen sich selbst und der Unterstützung, die Sie von außen bekommen, vertrauen. Und noch etwas ist notwendig: Mut. Falls Sie ihn nicht haben, lässt er sich entwickeln. Das ist allerdings nicht einfach. Er kann weder in diesem noch in irgendeinem anderen Buch, von dem ich weiß, gefunden werden.

Nach Bezwingung der Angst (vorausgesetzt, man hat sie denn bezwungen) ist ihr Gegenteil das nächste Hindernis: Vermessenheit – zu denken, man habe alles verstanden; Selbstbewusstsein; Arroganz; die Illusion der Klarheit. Diese Selbsttäuschung kann Sie selbst dann befallen, wenn Sie noch Angst haben – als Verschleierung. Ein solcher Schüler redet normalerweise viel, obwohl er lieber zuhören sollte. Schließlich besitzen wir nicht grundlos zwei Ohren, aber nur einen einzigen Mund.

Diese Situation ist sehr schwer zu überwinden, wenn Sie nicht eine Art Offenbarung haben, die Sie aus ihr befreit; normalerweise hervorgebracht durch einen großen Verlust an Selbstbewusstsein – Demütigung, Spott, extreme Erniedrigung, so was eben. Keine erfreuliche Aussicht, aber am Ende ist es das wert.

Die Sache ist so, als wolle man einem hoffnungslosen Betrunkenen dabei helfen, das Licht zu sehen. Bis er es tut, wird er alles bestreiten und behaupten, wir seien es, die falsch liegen. Ihm geht es gut, prächtig sogar. Er neigt dazu, erst sehr hart auf die Nase fallen zu müssen, bevor er umkehrt – und dann wird er vermutlich in der entgegengesetzten Richtung unerträglich sein. Manche Leute lernen es wohl nie. Was dieser Kerl braucht, ist etwas Bescheidenheit. Unter Martial Artists findet er vielleicht welche, die sie ihm beibringen können – auf die harte Tour. Also besser, man macht es gleich zu Anfang richtig.

Etwas, was Ihnen in den Weg kommen wird, ist, sich einfach zu irren. Sich die Informationen, Prioritäten oder Werte rückwärts anzueignen oder verkehrt herum oder verdreht. Das ist auf mehrere Arten möglich. Sich falscher Gesellschaft (was auch den Lehrer beinhalten kann) anschließen; einen wichtigen Schritt auslassen – zum Beispiel zuhören, üben oder zum Unterricht erscheinen –; Starrsinn; den Lehrer ignorieren oder sich ihm widersetzen, wenn er Ihnen sagt, was getan werden muss. Der wirklich einzige Ausweg aus dieser Misere ist, entweder Ihre Verhaltensweise zu ändern oder aufzuhören und Ihre Qualen zu beenden.

Jede gewohnheitsmäßige Ablenkung kann Ihren Fortschritt zerstören: Frauen, Drogen, private Probleme, Selbstmitleid, Ausschweifungen jeglicher Art; um nur ein paar zu nennen – oder einfach reine Faulheit. Bei den meisten Misserfolgen tritt eine Kombination mehrerer oder all dieser Dinge auf, oder eins nach dem anderen. Aus einem Genusssüchtigen wird kein Martial Artist. Es ist unmöglich, fortzuschreiten oder sich zu übertreffen und sich dabei gleichzeitig an Laster und Schwäche festzuklammern.

Seien Sie nicht völlig entmutigt. Das ist genau die Art von Situation, aus der Ihnen dieses Studium heraushelfen soll. Sie werden in das Programm etwas Vertrauen setzen müssen – und in sich selbst. Beeilen Sie sich aber damit. Sie haben dafür nicht alle Zeit der Welt.

Das letzte Hindernis, vor dem Sie stehen werden, ist hohes Alter. Sie werden zu schwach sein, um es abzustreifen.

8. ES ZURÜCKERLANGEN

*Nur die vollkommenste Aufrichtigkeit unter dem Himmel
kann Veränderung bewirken.
Der wahre Mensch muss seinem Herz
ins Auge blicken.*
– Konfuzius

*Was mich nicht umbringt,
macht mich stärker.*
– Nietzsche

Das *Totenbuch der Tibeter* spricht von dem »klaren weißen Licht«, das allen offensteht, doch von den meisten zu Beginn ihrer Reise abgelehnt wird. Wenn man es annimmt, muss nichts mehr getan werden. Der Rest von uns verpasst diese Chance und strebt sein ganzes Leben lang danach, das blasse, zweitrangige gelbe Licht zu erreichen, das die gleichen Wahrheiten weniger hell bestrahlt. Das ist die menschliche Beschaffenheit, die Tragikomödie des Lebens auf der Erde.

Für gewöhnlich gibt es drei Wege des Lernens: durch Lehre oder Vorbild, durch Meditation oder Prophezeiung und durch Erfahrung – die schmerzlichste, härteste und langsamste Methode, doch für den Großteil von uns die ihm bestmögliche.

Um alle Hindernisse zu überwinden und sich den größeren Zielen zu nähern, braucht man alle drei – mindestens. Doch es gibt noch einen vierten Weg. Nun, das war ja bereits impliziert, nicht? Sie könnten an allen dreien gemeinsam arbeiten, aber das ist nicht das, was ich meine; nennen Sie es also den fünften Weg.

Fangen Sie von vorne an.

Reißen Sie sich los. So wie alles andere setzen sich auch die Menschen in ihrem Wesen fest. Der menschliche Organismus existiert in einem unsicheren Zustand des Gleichgewichts, ausgeformt in ein statisches System, das sich Wandel widersetzt – unabhängig davon, ob das gut oder schlecht ist.

Sie können nicht einen Teil von sich ändern, ohne das gesamte System zu ändern. Wenn Sie eine unangenehme Eigenschaft zu vertreiben versuchen, wird höchstwahrscheinlich etwas genauso Abscheuliches an ihre Stelle treten.

Es gibt da das Beispiel des zerstreuten Professors, der immer seinen Regenschirm oder seine Vorlesungsunterlagen liegen ließ. Er arbeitete daran und heilte sich schließlich. Jetzt vergaß er zwar nichts mehr, wurde jedoch launisch und reizbar. Seine Studenten und Verwandten mochten ihn davor lieber. Also befreite er sich von seiner schlechten Laune und litt fortan an Schlaflosigkeit. Vom Regen in die Traufe; das ist, als ob Sie bei einer Farbdose die eine Seite des Deckels mit dem Hammer herunterschlagen, dafür nun aber die andere aufgeht. Keinerlei Vorteil.

Um einen Teil von sich ändern zu können, muss man die Festgefahrenheit ablegen. Das ganze System muss wandelbar werden. Dann kann man es nach Belieben anpassen.

Diese Wandlungsfähigkeit erlangt man am besten durch großen Schmerz oder große Begeisterung. Ein gebrochenes Herz oder eine neue Liebe versetzen Sie in genau den richtigen Zustand. Beides lässt Sie zu Wackelpudding werden. Eine zermürbende oder überragende Folge von Kung-Fu-Unterrichtsstunden kann Sie sowohl in die Richtung des einen als auch in die des anderen Zustands bringen – oder in die von beiden. Auch Meditation kann Wandlungsfähigkeit für Sie finden. Sollten Sie später rückfällig werden, versuchen Sie sich daran zu erinnern, wie Sie sie erreicht haben.

Sobald Sie Wandlungsfähigkeit erlangt und sich von Ihrer Starrheit und Ihren Vorurteilen befreit haben, sind Sie in der Lage, etwas gegen die Probleme zu tun. Bezwingen Sie die Angst, indem Sie sich ihr stellen. Suchen Sie Ihre Selbsttäuschungen unerbittlich nach der Wahrheit über sich selbst ab. Prüfen Sie Ihre Vorstellungen bis aufs Äußerste und räumen Sie sie aus dem Weg, wenn sie sich als falsch oder unangemessen erweisen. Befreien Sie sich von den Ablenkungen, indem Sie sich von dem Glauben an sie befreien.

Überraschen Sie sich selbst. Sie haben keine Vorstellung davon, zu was Sie fähig sind, solange Sie sich nicht fragen: »Zu was bin ich fähig?«

Wachen Sie auf. Oder, falls Sie träumen, machen Sie es zumindest zu *Ihrem* Traum. Wenn Sie in dem Traum eines anderen leben, und das tun die meisten von uns, sind *Sie* darin nicht der Held.

Sie erwachen morgens *in* einen Traum. Hören Sie auf damit!

Geben Sie Ihre Illusionen auf.

Machen Sie sich nichts vor.

Wenn all das nichts hilft; wenn Sie so viel davon ausprobiert haben, wie Sie vertragen können, und immer noch verloren sind oder alles für Sie nur Kauderwelsch ist, gibt es noch einen weiteren Weg. Ich werde ihn erwähnen, um die Liste vollständig zu machen, obwohl ich es nur ungern tue:

Für die wirklich schwierigen Fälle gibt es einen Pfad, der manchmal funktioniert – *Viatsanyu* oder »Begradigung durch Feuer«, eine verzweifelte, raue, grausame Technik; ähnlich wie jemanden von einer Klippe zu werfen und ihm zuzubrüllen, er solle fliegen oder hätte eben Pech. In diesem Fall ist man es nach vielen Schmerzen für Körper und Psyche selbst, der das Werfen und Brüllen übernimmt. Viel Glück!

Viatsanyu erfordert außerordentliche Stärke und Unerschrockenheit und ist auf viele Weisen gefährlich, möglicherweise sogar tödlich. Angst ist die Kraft, die es zum Laufen bringt – je mehr, desto besser. Man weiß nie, welche Art Monster diese Methode erschaffen wird.

Nur außergewöhnliche Personen können sich der Tortur des *Viatsanyu* aussetzen und nur wenige von ihnen überleben es.

Ich werde das nicht weiter ausführen. Fragen Sie jemand anders. Es ist nicht mein Weg. Wenn Sie der Typ sind, der versucht, einen Pakt mit dem Teufel einzugehen, werden Sie dieser Wahl vermutlich irgendwo auf diesem Pfad begegnen. Ich sollte es wissen. Vergessen Sie's, ist mein Ratschlag. Kehren Sie zu Ihrem ursprünglichen Ziel zurück; zurück zu den Lektionen. Beginnen Sie erneut von vorn. Bringen Sie Ihre verschiedenen Ichs unter einen Hut. Beziehen Sie sich auf Ihre größere Kraft. Sammeln Sie Ihre Ressourcen. Machen Sie Inventur. Untersuchen Sie Ihre Methoden, werden Sie sich über Ihre Ziele im Klaren, verzichten Sie auf Entschuldigungen. Konzentrieren Sie sich. Wenden Sie alles an, was Sie gelernt haben, damit es Ihnen hindurchhilft. Geben Sie vor allem nicht auf.

Sie müssen Ihren eigenen Weg finden; und Sie können.

Wenn Sie trotz allem scheitern, gibt es noch eine letzte Möglichkeit: Reinkarnation.

Laut der Bibel sind dem Menschen siebzig Jahre gegeben. Das ist aber keine Einschränkung. Es bedeutet lediglich, dass Sie – wenn Sie so lange gelebt und es immer noch nicht geschafft haben – nicht weiter mit Ihrem ausgelaugten Körper und Geist herumirren müssen. Sie dürfen aufhören und in einem neuen Leben noch mal ganz von vorne anfangen. Man sagt, dass es manche Leute nie schaffen, aber *nie* ist eine lange Zeit; länger als *ewig*, was nur *jetzt* ist.

9. WERDEN SIE DER, DER SIE SEIN WOLLEN

Wer mit dem Dao im Einklang ist
und dem natürlichen Lauf von
Himmel und Erde folgt,
wird mit der ganzen Welt fertig.
– J. Needham zitiert in *Das Tao der Physik*

Was ist die Absicht, die den Suchenden auf diesen Weg gebracht hat? Zu lernen, sicherlich. Zu wachsen. Eine Antwort zu finden? Die Wahrheit über jene geheime Disziplin herauszufinden, von der man munkelt und die überragendes Können, Herrschaft, Unverwundbarkeit bietet? Eins zu werden mit der Kraft und Anmut des Tigers, der Schnelligkeit und Gerissenheit der Schlange; sich mit dem Adler in die Lüfte zu schwingen?

Man kann aus vielen Gründen hierhergelangt sein. Was man finden wird, ist eine andere Sache. Ich werde Ihnen ein ultimatives Szenario beschreiben. Es ist mein eigenes. Ihres wird es vielleicht nicht ganz sein.

Ich achte darauf, den Inbegriff eines Martial Artists zu spielen und strebe danach, diese Person in Wirklichkeit zu werden. Das ist, was ich finde.

Die Titel der folgenden Abschnitte sind nur als Satzzeichen gedacht; Vorrichtungen, die hier als Weg dienen, das Material in leicht zu überblickende, lesbare Häppchen zu unterteilen. Sie sollen weder als Überschriften noch als Kategorien dienen, weder als Inhaltsverzeichnis noch als Beschreibung der einzelnen Teile. Diese Vorstellungen beeinflussen sich gegenseitig – das ist ihre Natur. Keines dieser Themen kann exklusiv oder einzeln dargestellt werden. Die Ideen und Aufsätze sind untrennbar verwoben und ernähren einander.

CHIEN: DER MEISTER
Bis zum Himmel reichend. Kreativ, stark, der Anführer.

Wenn der Schüler damit aufhört, nur auf sich zu achten und nur an seinem eigenen Wachstum interessiert zu sein, wird er damit beginnen, anderen zu helfen. Meiner Meinung nach ist es dieser Zeitpunkt, an dem der Schüler, unabhängig von seiner Tüchtigkeit, ein wahrer Jünger wird. Geschieht dies, eröffnen sich ihm völlig neue Möglichkeiten.

Beim Versuch, dem schwächeren Schüler zu helfen, wird man Antworten auf seine eigenen Schwächen finden. Unglückliche, die in der Qual der Nichterfüllung leben, reagieren dramatisch auf das Erfahren von Anspornung und sind mehr als dankbar.

Der Shifu wird diesen Wandel sofort bemerken, seine Lehren beschleunigen und damit beginnen, die Mysterien aufzudecken; ich muss allerdings betonen, dass es wirklich keine Geheimnisse gibt. Es gibt nur innere Techniken, die einem einfach und offensichtlich erscheinen, sobald man sie einmal gelernt hat, und neuere, tiefere Wege des Sehens und Fühlens, die das klären und steigern, was wir bereits wissen, und uns zu neuen geistigen Fähigkeiten treiben.

Dieser Aspekt – sich auszustrecken und denjenigen behilflich zu sein, die unter uns stehen – ist ein unerlässlicher Bestandteil des Kung-Fu-Trainings. Ohne ihn gibt es für den neuen Schüler keine Möglichkeit zu lernen – und für uns keine fortzufahren. Die Kunst würde sterben und es gäbe keine Zukunft.

Denken Sie an Folgendes: Jeder Schüler sehnt sich danach, wie der Meister zu werden. Was macht der Meister? Er lehrt.

Man kann Jahre über Jahre studieren, täglich stundenlang, und wird vielleicht trotzdem nur ein Schüler bleiben. Um diese Barriere zu brechen, muss man sich von der Kette lösen. Hören Sie auf zu üben und fangen Sie an zu handeln. Die meisten werden das durch Kampf erreichen, entweder zwanglos oder in einem Wettbewerb. Nicht der beste Weg – ein großartiger Kämpfer wird ein arroganter Meister sein.

Manche werden durch vorführen fortschreiten, das heißt durch darstellen – die Stile so präsentierend, als ob sie Tänze wären, kleine Ballette des Kampfes. Dies führt zu enormer Anmut und Schönheit, doch wenn man von diesem Pfad besessen ist, wird es einem nur etwas Nachgiebiges, fast schon Verweichlichtes bringen, ohne viel Tiefe oder Substanz. Andererseits ist alles fördernd. Ein schwacher oder fehlgeleiteter Versuch ist besser als nichts. Misserfolg ist eine Lektion für sich.

Lehren ist der beste Weg des Losreißens. Die tiefsinnigsten und bedeutendsten Meister sind so, weil sie lehren – weil das, um was sie sich kümmern, nicht ihr eigener Ruhm, sondern die Erleuchtung ihrer Mitmenschen ist.

Um vollendet zu sein, muss man alles tun: studieren, üben, kämpfen, tanzen, meditieren. Doch es muss immer auf das Lehren hinauslaufen. Der Weise, der seinen Rat für sich behält, ist für andere nicht von Nutzen. Und ob es ihm klar ist oder nicht, auch für sich selbst ist er nicht sonderlich nützlich.

Die Lektionen haben keinen großen Wert, wenn man sich nicht an sie erinnert. Das Lehren wird Ihr Erinnerungsvermögen stärken. Ich musste feststellen, dass ich, wenn ich mich von meiner täglichen oder zumindest wöchentlichen Routine des Übens der Formen abwandte, alles allmählich vergaß. Es kam vor, dass ich Dinge neu lernen musste, die ich einige Zeit zuvor noch perfekt gekonnt hatte. Shifu sagte dann zu mir: »Nimm dir einen Schüler. Lehre jemanden die Bewegungen und du wirst sie nie wieder vergessen.«

KUN: DER HEILER
Die Kraft der Erde: ergeben, empfänglich, beruhigend, selbstlos.

Wir haben gesehen, dass der Meister sich um andere kümmern muss, damit er nützlich und eine Macht des Guten sein kann. Diese Nützlichkeit kann viele Formen annehmen. Mit der Kraft, die mit den Lehren einhergeht, können große Dinge vollbracht werden. Das Wissen und die Techniken, die den Krieger in die Mitte des Flusses stellen, können dazu verwendet werden, für andere dasselbe zu tun. Das gesteigerte Bewusstsein und der verbesserte Sinn für Richtigkeit, die der Schüler entwickelt hat, können eingesetzt werden, um die nicht harmonierenden Aspekte bei Menschen, Tieren, Dingen und sogar Ereignissen, Zuständen und Situationen zu erkennen und zu korrigieren.

Ihr Qi kann definitiv in Körper, Verstände und Geiste hineinreichen und sie heilen. Daran besteht kein Zweifel. Die gleiche Kraft, die verteidigen und verletzen kann, kann lindern und erneuern. Das *Dim-Mak*, bekannt als »Berührung des Todes«, bei dem sich ein scheinbar beiläufiges Anfassen als tödlich erweisen kann (eine der Theorien über den Tod Bruce Lees), ist in Wirklichkeit die Perversion einer Technik, die dazu beabsichtigt ist, zur Heilung eingesetzt zu werden. Es ist ein Sinnbild der Fehlinformationen über die Kunst, dass diese Technik nur für ihre Tötungskraft berühmt ist, während die heilenden Aspekte praktisch unbekannt sind.

Im traditionellen japanischen Karate, so wurde mir gesagt, ist der fünfte *Dan*[32] eigentlich ein medizinischer Rang. Das Gleiche gilt für den weniger streng strukturierten Weg des Kung Fu. Bevor man weiter in seinen Studien fortschreitet, muss man eine Heilkunst erlernen: Akupunktur, Akupressur, Kräutertherapie und Reflexzonenmassage werden dafür gern gewählt. Die Idee ist – kurz gesagt –, dass man, wenn man umherzieht und Leute vermöbelt, besser auch in der Lage sein sollte sie hinterher wieder zusammenzuflicken.

Shifu Kam Yuen schloss eines Tages den Kwoon, gab seine Geschäfte auf und schrieb sich am College ein, um Chiropraktik zu studieren. Er absolvierte den Kurs, machte ein Praktikum und bekam seine Lizenz. Während dieser Zeit studierte er auch Druckpunkte und Kinesiologie und vergrößerte das Wissen über Ernährung, Vitamine und Kräutertherapie, das er sich über die Jahre angeeignet hatte. Nach Beendigung seines Studiums eröffnete er eine neue Schule, komplett mit chiropraktischer Klinik und Vitamin- und Kräuterzentrum, die er »Shaolin West« nannte, was sich auf das Shaolin-Kloster in Nordchina bezieht. Jetzt kann man Unterricht nehmen und sich heilen lassen – alles während eines einzigen Besuchs. Shifu hat es sich zur Gewohnheit gemacht, die Schüler nach dem Unterricht aufzustellen und jedem einzelnen eine individuelle Hilfestellung und Ernährungsempfehlung zu geben.

---

[32] Dan: ein Fortgeschrittenengrad u. a. beim Karate. Das Graduierungssystem, mit einer Unterteilung in Schüler- und Fortgeschrittenengrade, geht auf das Judo zurück. (Anm. des Übersetzers.)

Das Wissen, das der Meister bei diesen Studien aufnimmt, wird sich auf die Heilung von Körper und Geist ausdehnen. Den verzweifelten, traurigen oder verwirrten Jünger auf dem dreckigen und schlammigen Weg in Richtung Ruhe und Leichtigkeit – ganz zu schweigen von Erleuchtung – zu beruhigen, aufzuheben, zu stoßen und zu zerren; das alles ist Teil des Jobs.

CHEN: DER KRIEGER
Der erwachende Donner. Immer in Bewegung.
Unerwartet und schnell. Ehrgeizig.

Der wahre Krieger ist nicht bloß eine ausgezeichnete Kampfmaschine. Er muss viel mehr bezwingen als nur seine Gegner. Er muss über Missgeschicke triumphieren, über philosophische Stolpersteine, geistige Belastungen, Gefühlskrisen, gesellschaftliche und kosmische Ungerechtigkeit, seine eigene Schwäche – und möglicherweise über den Teufel persönlich. Um all das erreichen zu können, muss unser Krieger eine kräftige Person sein, hoch entwickelt und bewaffnet mit Wissen und Einsicht.

Das erste Ziel – lange vor irgendwelchem Triumph – ist Überleben. Der Krieger muss das Richtige tun. Immer und vollkommen. Ein falscher Schritt auf dem Hochseil kann den Tod bedeuten. Dann: Präzision. Alarmbereitschaft. Realismus. Illusion ist fatal. Man muss sich perfekt konzentrieren und gleichzeitig über alles im Klaren sein können, was um einen herum vorgeht.

Geschwindigkeit ist eine Grundvoraussetzung. Sowohl beim Bewegen als auch beim Denken.

Das Denken muss sich in die Zukunft erstrecken. Es gibt Fallen, aus denen man – einmal in sie geraten – nicht mehr fliehen kann. Ich habe mal gehört, dass man beim Schach mindestens drei Züge vorausdenken muss. Es ist aber wohl eher so, dass man das ganze Spiel sehen muss, alle denkbaren Ausgänge.

Begibt man sich tiefer ins Spiel, stellt man fest, dass bloßes Überleben natürlich nicht genug ist. Keine verteidigende Haltung, wie effektiv auch immer, kann auf Dauer Erfolg haben. Am Ende wird sie immer durchbrochen werden. Man sagt, der Angriff sei die beste

Verteidigung. Bis zu einem gewissen Grad ist das nur allzu wahr. Immer kann das allerdings nicht funktionieren. Dieser Technik mangelt es an Vorsicht. Was, wenn der andere Kerl oder die anderen Kerle auch schnell und zäh sind? Wenn man an die Sache herangeht, muss man sich fragen: *Was tut er? Warum tut er es? Was kann ich dagegen tun?* Und dann handeln.

Das gilt nicht nur für körperliche Konfrontationen, sondern für alle Erfahrungen Ihres Lebens, mit denen Sie vielleicht fertigwerden müssen.

Der Krieger muss wissen, wann es Zeit zum Rückzug und wann es Zeit zum Angriff ist. Wann man es in Ruhe lassen und wann man es vollenden sollte.

Wenden Sie all das auf einen Rechtsstreit an, auf eine Vorstandssitzung oder ein Fahrradrennen. Oder auf einen Streit mit Ihrer Frau. Es ist überall von gleicher Bedeutung. Die Welt wird nicht von Muskeln beherrscht, sondern von Gehirnen.

Der Krieger muss immer das Unerwartete tun. Heraklit sagte, dass es unmöglich ist, seinen Fuß zweimal in denselben Fluss zu setzen, da es bei jedem Mal ein anderer Fluss ist. Laut eines späteren Weisen ist es nicht mal möglich, seinen Fuß auch nur ein einziges Mal in denselben Fluss zu setzen, da er sich bereits wandelt, während man ihn betritt. Ein Krieger muss so wie der Fluss sein. Man sollte ihn nie an der gleichen Stelle finden, kein einziges Mal.

Vom wahren Krieger wird völlige Hingabe verlangt. Er muss bereit sein, verletzt zu werden, zu verlieren, vielleicht zu sterben – bereitwillig, sogar mit Freude. Er wird wahrscheinlich jederzeit genauso freudig verstümmeln oder töten.

Das wertvollste Gut eines Kriegers ist sein Kodex. Was immer das sein mag, er muss es haben und ihm treu sein. Wer keinen Kodex hat, ist ein Tier. Jeder Krieger hat seinen Kodex.

Wenn Ihnen jemand sagt, er habe keinen Kodex; dass tatsächlich nur er sein eigener Meister sei; dann ist Satan sein Meister – und wir wissen, wie wir mit *ihm* fertig werden. Ehre. Tugend. Selbst der Teufel hat seinen Kodex. Satan und seine Sklaven können im Angesicht der Tugend nicht standhaft bleiben. Vollkommene Ehre zerstört Satans Macht vollständig.

In manchen altnordischen Malereien, die von Wikingerkriegern stammen, ist eine seltsame Figur zu sehen. Muskelbepackt wie ein Bodybuilder-Champion, steht er vor dem Mast, seine Arme verschränkt, ein Schwert in jeder Hand, einen runden Schild auf seinen Rücken gebunden, wenig oder keine Rüstung. Mit nacktem Oberkörper und nackten Beinen, praktisch nichts außer Schmuck und einem Grinsen im Gesicht tragend, das gleichzeitig unschuldig und böse ist, wartet er auf den einzigen Moment im Leben, auf dem es ihm ankommt: den Tod in der Schlacht. Dieses Wesen ist als »der Berserker« bekannt.

In der nordischen Mythologie geht ein Wikinger, wenn er stirbt, direkt nach Walhalla; vorausgesetzt, er war zu Lebzeiten zu mindestens einer Frau freundlich – denn sie ist es, die ihn dorthin führen muss.

Es gibt eine Geschichte über einen berühmten Berserker. Die Schweden waren im Begriff, eine Schlacht zu führen, um die vorrückenden Dänen am Einnehmen einer wichtigen Brücke zu hindern. Sie aßen gerade zu Abend, als der Berserker mit der Nachricht zu ihnen stieß, dass der Feind schon fast die Brücke erreicht habe. Die Schweden mochten ihr Essen und Trinken. Sie sagten: »In Ordnung. Wir kommen, sobald wir hier fertig sind.«

Der Berserker meinte daraufhin: »Ich gehe und halte sie auf, bis ihr da seid. Aber lasst euch nicht zu lange Zeit. Ich will sie nicht alle töten, dann bliebe ja für euch nichts mehr übrig.« Er küsste die Mädchen liebevoll, lief dann davon und verteidigte die Brücke, wobei er Hunderte von Kriegern abwehrte.

Als die Schweden mit ihrem Kaffee fertig waren, tauchten sie auf. Sie fanden ihn auf einem Haufen toter Dänen stehend, während er auf die restlichen mit großem Eifer einhackte.

Als der Berserker die Schweden sah, schrie er vor Freude, warf seine Schwerter weg, riss sich den Schild herunter, sprang mit weit offenen Armen direkt auf den Feind zu, wobei er sich absichtlich von ihren Schwertern durchbohren ließ, und starb freudig, nachdem er sich selbst beteuert hatte, dass ein Held in Walhalla willkommen ist.

Kung Fu wird für diesen Berserker nicht der richtige Weg sein, auch nicht für den zuvor erwähnten Ninja-Poeten. Ihre Haltung ist zu beschränkt, um aus dem großen Wissen, das in unseren Lehren enthalten ist, einen Nutzen zu ziehen. Tatsächlich könnten die Lehren sogar die Kraft dieser einfältigen Herangehensweise abstumpfen lassen; den Höllenkrieger bis hin zur Untauglichkeit schwächen.

Die Anwendung extremen Vorurteils steht nicht im Einklang mit den Prinzipien von Geistigkeit, Mitgefühl, Beherrschung und Einheit mit der Natur, die ein großer Teil der Shaolin-Aura sind. Der Zerstörer braucht Kung Fu nicht (oder kann es nicht verwenden) und Kung Fu braucht den Zerstörer nicht. Wir verlangen von unserem Krieger etwas mehr.

Falls Sie das nicht abgeschreckt hat, lesen Sie weiter, Sie harter Kerl.

KAN: DER HANDWERKER

So sanft, lebenswichtig und kraftvoll wie Wasser: der Künstler. Danach strebend, dem Holz und der Welt mit seinen Händen Form zu geben. Auf bescheidene Weise zu allem fähig. Unergründlich. Ein gefährlicher Mann.

Der wahre Meister muss in der Lage sein, Dinge anzupacken. Er muss berühren, formen, modellieren. Erschaffen und reparieren. Es reicht nicht aus, tretend und tanzend herumzustehen und dann still über das Unendliche zu sinnieren. Er muss etwas *tun*. Nicht nur seinen Job oder irgendeine Beschäftigung; etwas, was ihn in fühlbaren Kontakt damit bringt, wie *es* arbeitet.

Also: Bauen Sie einen Tisch, stutzen Sie eine Hecke, rahmen Sie ein Bild. Oder malen Sie eins. Das ist das, wovon ich rede.

Der wahre Meister ist in den sanften Künsten immer genauso bewandert wie in den wilden. Das ist eine altbekannte Tatsache. Der Neuling, der nach überragendem kämpferischem Können sucht, wird das vielleicht für unwichtigen, elitären Mist halten. Diese Meinung sollte er lieber noch mal überdenken.

Alle großen Krieger waren und sind Poeten, Philosophen, Musiker oder Künstler. Alexander der Große, Richard Löwenherz, Wilhelm der Eroberer, Peter der Große, Karl der Große, Sunzi und König Artus, um nur einige zu nennen, waren sowohl Künstler, Musiker und Mystiker als auch Eroberer.

Alle großen Samurai gingen künstlerischen Tätigkeiten nach, in der Regel dem Anfertigen von Blumengestecken oder Origami – das ist die Kunst, Vögel und Blumen aus Papier zu falten. Es mag albern klingen, aber Sie sollten es zumindest mal versuchen.

Die Prinzipien der grafischen Künste – Zeichnen, Kalligrafie, Malerei und Bildhauerei – sind reale Dinge. Bei Struktur, Form und Linie handelt es sich um mathematische Tatsachen. Geschmack hat damit wenig zu tun. Die Farbe wird in Wellenlängen gemessen und kann dazu verwendet werden, die atomaren Elemente weit entfernter Sterne zu bestimmen. Das Studium dieser Prinzipien ist für einen Mann des Wissens absolut erforderlich.

Ein künstlerisches Leben zu beginnen ist nicht schwer. Fangen Sie einfach mit Wertschätzung an. Besuchen Sie eine Galerie oder eine Buchhandlung. Finden Sie einen Künstler, den Sie mögen, und schauen Sie sich seine Werke an. Informieren Sie sich über sein Leben. Der Rest folgt ganz von selbst. Besonders die Bildhauerei ist für jeden Athleten, gleich welcher Art, von Interesse, da sie die menschliche Bewegung fühlbar festhält.

Nehmen Sie sich einen Kuli oder einen Bleistift, oder ein Stück Kreide, und legen Sie los. Schmieren Sie einfach eine Farbe auf Papier oder Leinwand. Machen Sie es nur für sich selbst – nicht, um irgendjemanden zu beeindrucken. Arbeiten Sie so groß wie möglich, das erleichtert die Sache. Das Einfachste, was man zeichnen oder malen kann, sind Blumen – und ihre feine Zartheit verhilft dem Martial Artist zu innerer Ausgeglichenheit.

Bildhauerei beginnt mit einem Brocken Lehm. Machen Sie aus ihm durch Drücken, Kratzen und Drehen etwas, was Ihnen gefällt. Lassen Sie von Werkzeug anfangs noch die Finger; Ihre Hände sind immer Ihre besten Werkzeuge. Verwenden Sie Themen, die Sie interessieren, damit Ihre Begeisterung gesteigert wird. Kunst ist Freude.

Ich kannte einen Krieger, der – ohne vorherige Erfahrung – mit seinem eigenen Verstand und seinen eigenen Händen ein Haus baute. Es ist das vielleicht schönste Haus, das ich je gesehen habe. Unerschrocken, stark, inspirierend. Er begann die Arbeit daran mit einem Haufen Stöcke und jeder Menge Nägel.

KEN: DER WEISE

Völlig still stehend, fest verankert wie ein Berg, den Wind in seinen Ohren, die Sonne in seinen Augen, kommt Weisheit zu ihm und bleibt.

Der Meister ist erfüllt von Weisheit. Mit den Ereignissen fließend, von Missgeschick unbeeindruckt, eins mit der Natur, die meisten menschlichen Probleme hinter sich gelassen habend. Dieser Zustand ist eher eine Frage der Einstellung und nicht so sehr eine des Wissens. Wissen, ohne zu wissen; die Lücken durch Information gefüllt – wenn man sich so weit herablassen muss.

Mit dem Strom zu fließen ist eine dynamischere Verpflichtung, als es sich vielleicht anhören mag. Die Position des Blattes, das ungezwungen durch die Stromschnellen treibt, ist zu jedem Zeitpunkt absolut genau und exakt.

Wenn Sie den sich in Ihnen befindlichen Tempel für die Wünsche des Einen zugänglich machen, stellen Sie sich selbst in die Mitte des Flusses. Vergangenheit, Gegenwart und Zukunft sowie alle verschiedenen Wirklichkeiten und parallelen Universen sind um Sie herum wie Sternbilder angeordnet, die Sie – eins mit ihnen seiend – kontrollieren. Sie fließen nur so stark durch es hindurch, wie es durch Sie hindurchfließt. Das macht einen großen Teil der Bedeutung der Bezeichnung »Meister« aus.

Bewusst danach zu streben, ein Weiser zu werden, wird vermutlich nicht funktionieren. Denken Sie daran, dass dieser Pfad nur von jemandem gefunden werden kann, der ohne zu wissen weiß und sich nicht auf der Suche des von ihm gesuchten Einen dorthin begeben hat.

Daoistisch ausgedrückt bezieht sich das *Eine* auf die zentrale Kraft des Universums, den Willen des Kosmos, die eine Macht, die die *Zehntausend Dinge* regiert, vorhersagt und veranlasst. Damit ist und sind gemeint: die gesamte Schöpfung, die Ereignisse, Orte, Bewohner und aller Krimskrams; das Ganze, das Universum; die Zehntausend Dinge, die das Spiegelbild des Einen sind und es gleichzeitig bilden.

Nach daoistischer Auffassung kann man – so wie bei der Quantenmechanik – Handlungen nicht wahrnehmen, sondern sich nur an ihnen beteiligen. Das zusehende Auge ist Teil des Gesehenen.

Wenn man im *Yijing* nachschlägt, öffnet sich das Buch und enthüllt, was es gar nicht anders kann, als zu enthüllen, denn es ist eins mit dem Einen. Diese Stellung muss auch der Krieger erlangen, um zum Weisen zu werden.

Sie suchen nach einem Wunder; Sie suchen danach, die Wand einzureißen; den Kosmos wahrzunehmen, der außen liegt; Teil einer einigenden, erweiternden, versammelnden Kraft zu werden, die uns hinwegträgt zu einer wahrhaft schöpferischen Existenz, frei von Materie, Irrtum, Sterblichkeit. Die gesamte Gesellschaft ist darauf ausgerichtet, das zu verhindern. Es wird von uns verlangt, uns anzupassen, anzugleichen, niederzulassen, wo doch ein weit offenes kosmisches Bewusstsein das ist, wonach wir suchen.

Konzentrieren Sie sich auf das Hier und Jetzt. Beobachten Sie. Lesen Sie. Seien Sie gut – wie auch immer Sie gut definieren. Versuchen Sie zu verstehen. Seien Sie erhaben über Verlangen und Bedürfnis. Suchen Sie nicht nach persönlichem Vorteil. Dabei können Sie bloß sich selbst finden. Sie werden merken, wenn es passiert.

Ein vorübergehender Aufenthalt auf dem Berggipfel ist eine erprobte und wahre Annäherung. Genauso auch das Verbringen einer Zeit in der Hölle.

SUN: DER MUSIKER
Sanft und durchdringend kann man die süße und schreckliche Geschichte der Schöpfung vernehmen. Im Wind flüsternd und brüllend, im Laub raschelnd. Von seinen Fingern auf der Laute ausströmend und hier festgehalten.

Die Macht, die die wilde Bestie besänftigt. Musik ist nicht nur einer der Späße des Lebens – bei den Gesetzen der Harmonielehre handelt es sich um einige der grundlegendsten unseres Universums. Viele Leute halten die Musik für eine vom Menschen geschaffene Kunstform. Das stimmt so nicht ganz. Die Noten unserer Tonleitern basieren auf den tatsächlichen Resonanzen des Kosmos. Das kann wissenschaftlich nachgewiesen werden.

Die Elemente, Planeten und Sterne vibrieren mit spezifischen Schwingungszahlen. Diese Resonanzen sind das, was die Unterschiede und Ähnlichkeiten aller Dinge, lebend und leblos, definiert.

Die Hopi, Zuñi und Navajo[33] verwenden in ihren Ritualen Musik und Tanz als eine Form der Heilung, zur Verbesserung von Zuständen und generell, um Dinge in Ordnung zu bringen. Diese Rituale werden »Sings« genannt und ihr Zelebrieren dauert für gewöhnlich mehrere Tage. Da man jegliche überflüssige Anwendung als frevlerisch ansieht, offenbart man sie nur in Zeiten der Not – ihnen Namen gebend wie »Der segnende Weg« oder »Tanz von sie Frau ewig nicht Wandel«. Nur viermal wurde dieser Hopi-Tanz je benötigt. Vier Male, als die vielen Welten in Gefahr waren.

Die acht Häuser und vierundsechzig Hexagramme des *Yijing* und die traditionellen vierundsechzig Positionen des Kung Fu spiegeln sich in den acht Noten der Oktave. Die Rotation der Planeten kann man in der Zwölftonleiter hören.

Musik ist Struktur. Der nackten Luft Form und Substanz geben. Von Harmonie zusammengehalten und durch Melodie entfesselt, reicht sie überall hin.

Das Spielen eines Instruments ist eine Möglichkeit, das Gefüge des Universums mit seinen eigenen Fingern zu untersuchen und zum Verständnis eines Teils seines Grundaufbaus zu gelangen; ein Weg, auf dem diese Gegebenheiten unmittelbar erlebt werden können. Diese Methode, die Prinzipien des Kung Fu aufzunehmen, ist eine viel tiefgründigere als der Versuch, einen Gegner zu überlisten – und wird einem dabei helfen, auch das zu schaffen.

Zu lernen, Ihr Instrument zu stimmen, ist sogar noch lehrreicher; und selbst ein Instrument zu bauen wird Ihnen die Lektion schließlich vollends nahebringen.

Die Gitarre ist das am leichtesten zu spielende und am schwersten zu lernende Instrument. Sie eignet sich perfekt zum Erzählen von Geschichten. Die Klaviertastatur beinhaltet ein ganzes Orchester, aufgereiht in einer ordentlichen Geraden. Schlicht und überwältigend. Diese beiden Instrumente sind unabhängig. Die Blasinstrumente – Flöten, Saxofone, Trompeten – können nur die Melodie spielen. Sie müssen zusammenkommen, um die großen Sachen spielen zu können, sind aber in der Lage, sich zu erheben und zu schreien. Streicher wie Geige oder Cello sind durchwegs teuflisch schwer – manche Leute mögen

---

[33] Hopi; Zuñi; Navajo (Diné): in den USA lebende indianische Völker. (Anm. des Übersetzers.)

eine Herausforderung. Das Schlagzeug ist schiere Kraft, getragen und wild, ein Tiger an der Leine. Ein Bass wird als Grundlage benötigt. Ohne Fundament lässt sich nicht gut bauen.

Alle Instrumente gehen auf fünf primitive Ideen zurück. In das Horn eines Tieres pusten: »Tuut!« In ein ausgehöhltes Schilfrohr mit Löchern für die Finger blasen: »Pfeif!« An einer gespannten Bogensehne zupfen: »Plink!« Und mit Händen oder Stöcken auf etwas schlagen: »Bumm!« Die Rohstoffe für diese Instrumente können alle am Wegesrand gefunden werden – oder in der Umhängetasche des Wildbeuters[34].

Das fünfte Instrument ist die menschliche Stimme, die in der Lage ist, alle anderen zu imitieren. Laut aufschreiend, brüllend, schmalzig singend oder knurrend. Der Sänger. Nichts muntert einen mehr auf, als aus voller Kehle zu singen. Tun Sie es unter der Dusche, klar, aber wieso nicht auch beim Autofahren, Treppensteigen, Frühstückmachen – oder beim Putzen des Tempelhofs? Viele der Mönche sind dafür bekannt, beim Workout zur Begleitung mitzusummen.

Musik nicht zu kennen ist so, als ob man nicht schwimmen kann. Es gibt keinen Grund dafür außer Versäumnis – das man am besten nachholt. Manche werden sagen, Sie hätten kein Ohr dafür. Fassen Sie sich ein Herz, diese Begabung kann entwickelt werden. Glauben Sie mir, so etwas wie musikalische Gehörlosigkeit gibt es wirklich nicht. Wer hören kann, kann auch lernen, Noten zu unterscheiden. Wie alles andere ist es nur eine Frage des Lernens. Und außerdem muss die Musik sowieso nicht »richtig gestimmt« sein. Uns geht es um kosmisches Bewusstsein, nicht um eine Rock'n'Roll-Karriere.

Aus der Musik spricht Gott zu uns. Lauschen Sie dem Wind. Sie werden das Lied der Elemente, Planeten, Sterne und das ihres eigenen Herzens vernehmen.

---

[34] Wildbeuter: Angehöriger der menschlichen Gruppierung gleichen Namens, auch bekannt als »Jäger und Sammler«. (Anm. des Übersetzers.)

LI: DER DICHTER

An Gedanken und Worten hängend, der Dunkelheit Licht schenkend, leuchtend
wie die Sonne, mit dem Feuer prasselnd. Der Dichter. Der Barde.

Um den Nutzen des Kung-Fu-Studiums zu maximieren, müssen Sie nach den Sternen greifen. Nur ein Dichter kann das tun.

Ein Dichter zu sein bedeutet nicht, nur Gedichte zu schreiben. Es ist weit mehr als das. Die Schönheit und Anmut der Dinge zu sehen und zu schätzen – genauso wie ihren Schrecken und ihre Traurigkeit. Alles auf bedeutungsvolle Weise zusammenzusetzen. Wahrheit durch Gefühl. Metaphern, Parabeln. Komplizierte Vorstellungen leichter verständlich zu machen. Ein Falke, der aus dem Himmel stürzt, um seine Beute zu holen; ein Reh, das schüchtern über eine Wiese läuft; ein sich aufbäumendes Pferd; ein alter Großvater, der mit seinem Enkel auf einer Bank sitzt und angelt; der blutige Tod eines Stierkämpfers; das Lied eines Vogels. Das alles ist Poesie. Der Mann, der diesen Dingen gegenüber wachsam ist und sie kennt, ist ein Dichter. Ein Poet.

Mit dem Dichter kommt die Muse.

Der Mann der Tat betrachtet die Muse und entdeckt die Poesie in seiner Seele. Dies kann viele verschiedene Formen annehmen. Für manche ist die Muse eine wirkliche, lebende Person, für andere eine geistige Kraft, der Mond, ein Goldmedaillon, die heilige Mutter Gottes, ein Spiegel. Jeder ist anders. Ich persönlich bevorzuge eine lebende, warme, pulsierende Frau, mit dem Gesicht eines Engels und einem zum Lieben geschaffenen Körper, die mir ihre Inspiration ins Ohr flüstert, zusammen mit süßen Turteleien und vor Energie sprühenden Vorschlägen; doch manchmal werde ich auch von etwas weniger leicht Greifbarem inspiriert.

Ich kannte mal einen verrückten Philosophen, dessen Muse ein hölzerner Indianer zu sein schien. Eines Tages ärgerte sich sein Bruder über ihn und verbrannte das Ding. Er dorrte aus und konnte nicht mehr schreiben. Es nimmt alle Arten von Gestalt an.

Die Muse kann hin und wieder schwierig sein: fordernd, teilnahmslos, egoistisch, eifersüchtig, zickig. Manchmal muss man ihr schmeicheln, um sie dazu zu bewegen in uns die Poesie zum Vorschein zu bringen, die in der Luft liegt.

In allem steckt Poesie. Um sie zu finden, müssen Sie einfach nur nach ihr Ausschau halten. Die Tänze des Kung Fu sind voller bewegter Poesie. Schnelligkeit, Exaktheit und Kraft allein reichen nicht aus. Anmut, Geschmeidigkeit, Vielschichtigkeit, Aufmerksamkeit und Tiefe werden genauso benötigt. Die fließenden Bewegungen, Rhythmen und verwirrenden Rückwärtsbewegungen, die Kung Fu effektiv und therapeutisch machen, sind poetisch wie nur was.

Dieser Rhythmus, diese Kraft und diese Anmut können und werden sich auch ins restliche Leben des Kriegers ausbreiten, ohne besondere Mühe oder Absicht. Der Verstand und die Muskeln werden, einmal erwacht, nicht abschalten, wenn sie die Sporthalle verlassen. Sie werden es beim Golf- oder Tennisspiel merken, auf der Skipiste, beim Segeln Ihres Bootes oder Fliegen Ihres Flugzeugs.

Jeder Schritt, den Sie machen, wird das Wesen ihres neuen Wissens in sich tragen. Egal, ob Sie nach dem Salzstreuer greifen, zum Bus rennen, Ihr Auto fahren, den Zaun streichen, einen Brief schreiben oder sich Ihr Haar bürsten – die Poesie wird dort sein. Sie werden wie ein Tiger gehen, wie ein Drache gleiten, mit der Schnelligkeit und Genauigkeit der Schlange zustoßen, wie ein großer Baum stehen und mit der Vorstellungskraft eines neunjährigen Jungen oder eines sechsjährigen Mädchens schlafen und träumen.

Wenn Sie sich diesen Sinn für Poesie nützlich machen wollen, wird es nicht schwierig zu lernen sein, kleine Teile davon in Ihren Tagträumen oder Aktivitäten zu sehen oder zu schaffen. Das stärkt und würzt Ihre gesellschaftlichen und geschäftlichen Beziehungen, Ihre Arbeit und Ihr Spiel und gibt Ihren Konfrontationen und Abenteuern das gewisse Etwas.

Der meiste Teil der großen Philosophie wird in irgendeiner Form von Poesie niedergeschrieben. Probieren Sie es selbst aus. Es ist nicht schwer. Jeder kann schreiben – Sachen erfinden oder einfach Geschehnisse oder Gefühle zu Papier bringen. Verträumte Schulkinder tun es ohne jegliche Mühe. Man nimmt eine leere Seite und setzt etwas darauf. Seien Sie nicht schüchtern. Es muss nicht gut sein. Sobald es erst einmal schwarz auf weiß vor Ihnen steht, können Sie es verändern, verfeinern, überarbeiten; doch mit irgendetwas müssen Sie beginnen. Dafür braucht es kein Genie, lediglich Konzentration. Ideen werden aus dem Nichts zu Ihnen kommen. Die Worte werden mit Leichtigkeit fließen.

Wenn Sie dies alles nicht auf Ihrem Weg entdecken können, müssen Sie es auch nicht. Poesie befindet sich im Herzen und in der Luft, nicht auf einem Stück Papier. Machen Sie Ihre Übungen, schärfen Sie Ihre Sinne, bewegen Sie sich mit Anmut und Kraft. Wenn Sie nicht der Dichter sind, werden Sie eben das Gedicht sein.

TUI: DER NARR

Erfüllt von Lebensfreude und reinem Vergnügen, sich selbst wie ein See aus Fröhlichkeit über Schmerz und Kummer legend, steht der Clown unangefochten an erster Stelle.

Kein Wesen oder System ist vollständig ohne einen Starken Sinn für den Humor des Ganzen. Keine gesellschaftliche Gruppe kann ohne ihren Clown Bestand haben. Kein intelligenter Organismus ist fähig, ein Leben vollkommenen Ernstes auszuhalten. Lachen kann vieles heilen: Arroganz, Leid, Angst, Depression, Ärger, Verwirrung, vielleicht sogar ein gebrochenes Herz. Ein vollständiges Bild von etwas zu bekommen ist unmöglich, wenn man nicht das Wissen besitzt, dass hinter den ernstesten Wahrheiten, dem düstersten Elend ein großer kosmischer Witz steckt.

Vielleicht verstehen Sie die Pointe noch nicht. Vertrauen Sie mir, es gibt sie. Lachen Sie trotzdem! Gewöhnen Sie es sich an, auch wenn Sie es nicht ernst meinen. Früher oder später wird sich Ihnen der Humor des Ganzen zeigen und das Lachen echt werden.

Sobald das geschieht, werden Kummer und Schwierigkeiten von Ihnen abfallen. Wenn die Geier zu kreisen beginnen, wird der Gedanke daran, wie dumm sie eigentlich aussehen, die Dinge ins rechte Licht rücken. In Ihren schlimmsten Momenten werden Sie ein Lied in Ihrem Herzen finden und federnden Schrittes gehen.

Lachen wird von Informationen verursacht, die gleichzeitig in die »Ja«- und »Nein«-Kanäle des Gehirns gelangen. Sie treffen sich in der Mitte und verursachen einen Kurzschluss; Lachen löst diese Überlastung. Zumindest ist das meine Theorie. Es fühlt sich besser an als Niesen und reinigt, genau wie dieses, das System.

Der Weise muss das Paradoxon des Lebens auf der Erde verstehen oder wenigstens anerkennen; die Lächerlichkeit jeder Situation begreifen und auskosten. Er wird besonders großzügig dabei sein, sich selbst mit Lachen zu überhäufen – eine garantierte Reinigung der Atmosphäre. Probieren Sie es. Die wunderbare Erleichterung, die es den Menschen um Sie herum schenkt, ist allein schon die ganze Übung wert.

Denken Sie daran, dass der Faktor des Paradoxen Teil der Trickkiste des Weisen ist. Wenn er alles bekommen hat, was nötig ist, die wahre Bedeutung herauszufinden, stellt er fest, dass das Gegenteil ebenfalls wahr ist. Wenn das nicht komisch ist, weiß ich auch nicht weiter.

Einer der Gründe dafür, dass die Schriften der großen Mystiker voller Paradoxa und irreführender Antworten stecken, ist der Witzfaktor. Die wahre Natur der Dinge zu betrachten führt immer zum Lachen. Das Verständnis des Kosmos ist mit einer Menge Humor verbunden. Wenn man erst mal den großen kosmischen Witz verstanden hat, ist es schwer, mit dem Lachen aufzuhören – alles, was auf diesem Planeten vor sich geht, kommt einem wirklich komisch vor.

Es reicht nicht aus, einfach nur zu lachen. Sie müssen der Narr *sein*. In die Luft starrend; bereit, über den Rand einer Klippe zu gehen, ohne es zu merken. Das ist Teil des Sichselbstloslassens. Der Kosmos kann nicht eingreifen, wenn Sie ihm nicht Ihre Sinne ausliefern. Die ursprüngliche Bedeutung des englischen Wortes »silly« (dumm) war »selig, heilig«, ausgehend von der Vorstellung, dass ein Idiot eine direkte Gotteserfahrung hat.

Kehren Sie dem Normalen und Weltlichen den Rücken und begrüßen Sie das Bizarre. Wenn Sie die Dinge nicht unterschiedlich sehen, sehen Sie sie wahrscheinlich nicht so, wie sie sind.

Mischen Sie also unter die Weisheit, die Schönheit, die Kraft und das Feuer eine große Portion Klamauk. Schneiden Sie Grimassen, laufen Sie komisch, verdrehen Sie die Augen. Tanzen Sie, tollen Sie herum, machen Sie Zaubertricks, reden Sie Unsinn. Seien Sie ein Clown!

10. MEISTERSCHAFT

Wer festhält das große Sinnbild,
zu dem kommt die Welt.
Sie kommt und wird nicht verletzt,
in Ruhe, Gleichheit und Seligkeit.
Der Weise häuft für sich nichts auf.
Er lebt für andere Menschen
und wird selber reicher.
– Laozi

Das wahre Studium einer jeglichen Philosophie besteht darin, auf dem Weg zur Entdeckung der wahren Bestimmung der Menschheit (in Bezug auf die reale Welt und den Plan des Schöpfers) Ignoranz und Vorurteil zu überwinden, wodurch man schließlich zu Effektivität, Ruhe, Erleuchtung und Erhabenheit geführt wird.

Die daoistische Philosophie basiert auf dem Prinzip der Einheit mit der Natur, der Verehrung aller großen und kleinen Dinge, auf Harmonie und Verständnis.

Die buddhistische Lehre hebt Fortschritt hervor, der durch Leiden (»Die Welt ist ein niederbrennendes Haus.«), Fleiß und Gehorsam erreicht wurde; sich auf ein Ziel der Nützlichkeit zubewegend.

Zusammen mit den alten Hindu-Formen und -Metaphern sowie den Unerbittlichkeiten, Theorien und Übungen des kriegerischen Kampfes, verbindet sich dies zu einem dynamischen, erweiterten, gemilderten und wilden Weg – ein Weg des Harten und Sanften, des Spontanen und Einstudierten, der Faust und des Buchs. Vereint mit dem Einen.

Auf der Suche nach seinem wahren Maß ist es nötig, sich selbst gegen gegnerische Kräfte und Situationen zu erproben. Man muss sich Gegnern stellen, nehme ich an, sonst ist alles nur ein Tanz. Hat man diesen Pfad allerdings erst einmal abgedeckt, wird weitere Besessenheit von Kampf zu reiner Aggression werden, unschicklich für den wahren Suchenden.

Im Theater der Kampfkunst wird alles gezeigt: Turniere, Ausstellungen, Vorführungen, Tänze. Das alles ist ein unterhaltsamer Weg, den Vorgang des Entdeckens fortzusetzen. Es ist gleichgültig, wie wenig diese Spiele mit tatsächlichem Kampf zu tun haben oder wie unbedeutend sie in echten Situationen scheinen mögen; sie bringen Ihnen trotzdem Nutzen. Der Gewinn an Mut, Selbstvertrauen, Anmut und Kraft ist beträchtlich und der Schweiß ehrlich. Sie fördern auf ihre eigene Art das Wachstum einer effektiven Lebensweise und leiten auf einen Pfad, der zum Weg führt.

Wie schon das *Yijing*-Orakel sagt: »Alles ist fördernd.« Je mehr Elemente Sie aufnehmen, desto effektiver ist das System und desto vollständiger das Bild.

Sollten Sie natürlich einer der wenigen Auserwählten sein, die das klare weiße Licht am Anfang sehen und annehmen, sind diese Tätigkeiten nicht notwendig. Vielleicht wollen Sie aber trotzdem etwas mit ihnen herumspielen, nur so zum Spaß. Für den Rest von uns gilt, dass wir sämtliche Unterstützung, die wir bekommen können, auch nötig haben.

Das Wissen, das ein Meister erlangt hat, all seine Fähigkeit und Stärke, muss dazu verwendet werden, Zorn entgegenzuwirken und sich für Toleranz, Verständnis, Harmonie und Frieden einzusetzen. Dieser Einfluss ist der wertvollste Beitrag, den ein Martial Artist zur Welt leisten kann. Die Wirkung wird sich über ihm ausbreiten wie die von einem hineinfallenden Stein verursachten Wellen auf einem Teich.

Das Bild des mächtigen Mannes, der seine Stärke dazu benutzt zu fördern, zu lehren und zu heilen, ist unwiderstehlich.

Um diese ruhige Haltung zu erlangen, muss ein Martial Artist Ärger, Neid und Eitelkeit ablegen. Die Alternative führt zu Arroganz, Unterdrückung und Herrschaft. Ruhe ist eine Kerze im Wind. Der kleinste Hauch von Gewalt oder Aggression kann sie auslöschen.

Der Überlegene wird schließlich zur Einsicht gelangen, dass im Dreck zu liegen manchmal besser ist, als selbst Dreck zu sein. Wenn man diese Lektion nicht gelernt hat, wird sich der Fortschritt in Grenzen halten. Stagnation oder etwas Schlimmeres ist die wahrscheinliche Folge. Das Wichtigste, was der Meister zu meistern lernen muss, ist er selbst.

Letztlich kann ich Ihnen nichts berichten, was Sie zum Ziel Ihrer Suche führen wird. All diese Worte sind nur die Echos meines eigenen Scheiterns. Wenn ich meinen eigenen Weg finden könnte, wäre ich nicht hier, um dieses Buch für Sie zu schreiben.

Übertreffen Sie mich. Machen Sie auf eigene Faust weiter. Lassen Sie mich hinter sich. Das ist der einzig mögliche Kurs. Letzten Endes weiß ich nichts.

Mein Nutzen endet hier. Nun sind Sie der Lehrer.

11. EIN WORT DER WARNUNG

*Höchste Erleuchtung ist
ein Pfeil direkt in die Hölle.*
– Zen-Roshi-Grundsatz

Für die meisten Schüler ist die Einführung in die Mysterien ein nicht gänzlich angenehmes Erlebnis. Wahre Erleuchtung ist ein radikales Ziel, das großes Opfer und furchtlose Hingabe erfordert.

Die Umsetzung des Ziels kann verheerend sein. Sie werden Wissen entdecken, das sie für immer ändern wird. Es ist möglich, dass Sie sich von Ihren alten Angewohnheiten und Überzeugungen abwenden, Ihren alten Bestrebungen und Absichten den Rücken kehren und die Liebe Ihres Lebens verlieren.

Dinge, die sicher festgebunden sind, und stichhaltige Gedanken werden überleben, doch unpraktische oder nutzlose Artefakte, falsche oder verwaschene Ideen, fragwürdige Praktiken und sentimentale Anhängsel werden weggefegt oder zurückgelassen. Gehen Sie davon aus, dass die Suche mindestens einmal Ihr Herz brechen wird.

Seien Sie vorsichtig. Sie haben vermutlich nicht die leiseste Ahnung, auf was Sie sich da einlassen. Sollten Sie aber trotz dieser Warnung darauf bestehen, Ihre Suche fortzusetzen, gibt es vieles, was Sie entschädigt. Denken Sie daran, dass Sie das bekommen, was Sie sich aussuchen. Die Zukunft, die Sie entdecken werden, ist die, nach der Sie bei Ihrer Suche gestrebt haben, ob wissentlich oder nicht.

Sie sind beides, der Bildhauer und der Lehm. Suchen Sie die Gefahr und Sie werden Sie finden. Suchen Sie nach Liebe, Erfüllung, Wissen, nach was auch immer Sie sich am meisten sehnen – die Kosten sind vielleicht hoch, aber Sie werden es finden.

Die Suche nach Erleuchtung ist für die Raupe gefährlich, aber für den Schmetterling lebenswichtig.

12. DIE KRAFT SAMMELN

Jede Minute geht etwas schief.
Was man tut, ist, es in Ordnung zu bringen.
– Lt. Gen. Gus Pagonis

Nehmen Sie all die Elemente, von denen wir gesprochen haben, und machen Sie von Ihnen in sich selbst Gebrauch; Sie, der Suchende. Halten Sie es schlicht. Stehen Sie bescheiden und stolz. Akzeptieren Sie alles als das, was es ist. Entledigen Sie sich der Ketten Ihrer Ängste und Einschränkungen. Vermeiden Sie Vorurteil und Urteil. Streben Sie. Seien Sie beharrlich. Seien Sie schöpferisch, aufrüttelnd, unergründlich, reglos; bewegungslos und bewegend, empfänglich, sanft und verständig; klammern Sie sich ans Licht. Scheinen Sie mit der Sonne; seien Sie fröhlich, Freude gebend und nehmend. Genießen Sie Frieden, Ruhe. Lächeln Sie durch die Tränen hindurch. Fallen Sie hin und stehen Sie wieder auf. Seien Sie sanft zu sich selbst, während Sie Ihrem Körper, Ihrem Verstand, Ihrem Geist und Ihrer Seele das Äußerste abverlangen. Akzeptieren Sie keine Entschuldigungen. Suchen Sie, bis Sie finden. Heißen Sie Mühsal und Bedrängnis willkommen. Gehen Sie Schmerz und Schwierigkeit, Kummer und Leid nicht aus dem Weg. Suchen Sie diese Dinge auf, wenn Sie sich trauen. Lehren Sie sich alles, was es zu wissen gibt. Lehren Sie andere das, was Sie gelernt haben. Seien Sie ehrlich, freundlich, hilfsbereit, gebend, liebend, treu. Halten Sie an Ihrem Kodex, Ihren Idealen und Ihrem Ansehen fest, unerschütterlich. Meiden Sie die bösen, giftigen Schlangen des Fehlverhaltens und der Genusssucht, des Verlangens, der Besessenheit, Maßlosigkeit und Zerstörung. Bezwingen Sie Faulheit, Eitelkeit, Neid, Hass, Zorn, Gefräßigkeit, Begierde, Eifersucht, Kleinlichkeit, Gier, Selbstsucht. Geben Sie Bösartigkeit auf. Kein Tyrann kann Meisterschaft erlangen. Schmähen Sie die Bestie. Beklagen Sie sich nicht. Die Beschwerden, die Sie vielleicht haben, sind bloß mechanisch; klein und unbedeutend. Sie werden vorübergehen. Seien Sie unabhängig, aber niemals einsam. Wenn Sie selbstständig sind, sind Sie alles. Verlangen Sie nach nichts. Warten Sie. Das Eine wird Sie versorgen. Lassen Sie sich nicht vom rechten Weg abbringen. Seien Sie in Ihrem Umgang vorsichtig und misstrauisch; es gibt viel Böses auf der

Welt. Niemand ist davor sicher. Nehmen Sie sich in Acht vor falschen Freunden, Kriminellen, Lügnern und Betrügern. Seien Sie vertrauensvoll. Finden Sie in allen Dingen das Gute. Verzeihen Sie die schrecklichsten Fehler, aber vergessen Sie nie. Halten Sie immer wieder die andere Wange hin. Schlagen Sie zu, wenn danach verlangt wird. Schlagen Sie schnell und sinnvoll. Seien Sie nicht grausam. Wenn Sie wahre Kameradschaft finden, heißen Sie sie willkommen und halten Sie sie in Ehren. Nichts ist wahrhaftiger als bleibende Freundschaft. Der Kosmos dreht sich friedlich um die wahre Eintracht. Wir brauchen uns gegenseitig. Beobachten Sie sorgfältig. Halten Sie die Ohren offen. Bleiben Sie wach. Hören Sie auf zu träumen. Stellen Sie sich der Wirklichkeit; aber schwelgen Sie dennoch in Fantasien und Märchen. Haben und bewahren Sie Hoffnung, Glauben, Barmherzigkeit. Glauben Sie an Ihr Glück. Riskieren Sie etwas. Verwirklichen Sie Ihre Träume. Suchen Sie Erleuchtung und schenken Sie sie. Helfen Sie den Dingen beim Wachsen; in Ihnen und in den Zehntausend Dingen. Gehen Sie sanft und leicht. Versuchen Sie, auf dem Land nicht Ihre Spuren zu hinterlassen. Ersetzen Sie den plattgetrampelten Rasen. Bewegen Sie sich leise, ohne Lärm zu machen, aber lassen Sie die Welt wissen, dass Sie auf der Durchreise sind. Heißen Sie Fremde willkommen, helfen Sie Reisenden. Geben Sie den Hungrigen und Obdachlosen zu essen. Schicken Sie die Bettler fort. Seien Sie stark und fest; anmutig und flink. Fühlen Sie die Kraft. Seien Sie fröhlich und standhaft. Folgen Sie Ihrem Herzen. Lächeln Sie, lachen Sie. Singen Sie frei heraus, tanzen Sie wild herum; sitzen Sie vollkommen still und hören Sie zu. Die oberste Macht wird sprechen. Zweifeln Sie nicht daran. Finden Sie das Zentrum. Fließen sie. Denken Sie daran, dass Sie nichts falsch machen können. Stellen Sie jede Frage. Hinterfragen Sie jede Antwort. Beantworten Sie jede Frage und jede Antwort mit einer Frage. Seien Sie eins mit dem Einen. Und egal, was kommen mag, geben Sie nicht auf.

Fahren Sie – unbeirrbar – fort mit Ihrer SUCHE.

ANHANG

FILMOGRAFIE

Filme und Serien mit David Carradine, die Kampfkunst enthalten oder sie zum Thema haben. Die meisten davon sind auf DVD erhältlich.

Kung Fu, 1971-1975
Death Race 2000 (Herrscher der Straße), 1975
Wie Blitz und Donner, 1976
Deathsport (Todesrallye in Helix-City), 1978
Das Geheimnis des blinden Meisters, 1979
McQuade, der Wolf, 1983
Der Krieger und die Hexe, 1984
P.O.W. – Die Vergeltung, 1986
Kung Fu – Der Film, 1986
Die Vergelter, 1986
Open Fire, 1987
Animal Protector, 1988
War Lords – Die Zerstörer der Zukunft, 1988
Ein Königreich vor unserer Zeit, 1989
Trau keinem Schurken, 1989
Future Zone, 1990
Martial Law, 1990
Dune Warriors – Blut für Wasser, 1990
Der beste Spieler weit und breit – Sein höchster Einsatz, 1991
Kung Fu – Im Zeichen des Drachen, 1993-1997
Kill Bill – Vol. 1, 2003
Kill Bill – Vol. 2, 2004
Max Havoc – Der Fluch des Drachen, 2004
Son of the Dragon, 2006
Blizhniy Boy: The Ultimate Fighter, 2007
Kung Fu Killer, 2008
Crank 2 – High Voltage, 2009
True Legend, 2010

LITERATUR

Die bescheidenste Auswahl an themenbezogenem Lese- und Anschauungsmaterial. Die meisten Bücher sind in aktuellen Auflagen im Buchhandel erhältlich. Die angegebenen DVDs der Workout-Videos kann man ausschließlich in Amerika oder über Onlineshops beziehen.

Capra, Fritjof: *Das Tao der Physik*. München: O. W. Barth, 2012.

Carradine, David: *AM & PM Tai Chi Workout for Beginners* (DVD). Goldhil Entertainment, 2003.

Ders.: *Chi Energy Workouts for Beginners* (DVD). Goldhil Entertainment, 2003.

Ders.: *Tai Chi Workout for Beginners* (DVD). Goldhil Entertainment, 2003.

Castaneda, Carlos: *Die Lehren des Don Juan – Ein Yaqui-Weg des Wissens*. Frankfurt am Main: Fischer, 1978.

Gibran, Khalil: *Der Prophet*. Ostfildern: Patmos, 2012.

Gurdjieff, Georg I.: *Aus der wirklichen Welt – Gurdjieffs Gespräche mit seinen Schülern*. Basel: Sphinx, 1982.

Hesse, Hermann: *Siddharta – Eine indische Dichtung*. Frankfurt am Main: Suhrkamp, 2004.

Konfuzius: *Gespräche (Lunyü)*. Wiesbaden: marixverlag, 2005.

Laozi: *Daodejing – Der Weg der Weisheit und der Tugend*. München: C. H. Beck, 2014.

Lee, Bruce: *Tao des Jeet Kune Doo*. Delft: Elmar, 2013.

Neihardt, John G.: *Schwarzer Hirsch: Ich rufe mein Volk*. Bornheim: Lamuv, 1982.

Ouspensky, Peter D.: *Der vierte Weg*. Bobitz: advaitaMedia, 2013.

Ders.: *Auf der Suche nach dem Wunderbaren*. München: O. W. Barth, 2010.

Rampa, Lobsang: *Das dritte Auge*. München: Goldmann, 1979.

Shea, Robert und Robert A. Wilson*: Illuminatus!-Trilogie: Das Auge in der Pyramide; Der goldene Apfel; Leviathan*. Reinbek: Rowohlt, 2011.

Székely, Edmond: *Das Friedensevangelium der Essener*. Saarbrücken: Neue Erde, 2015.

Tolkien, J.R.R.: *Der Herr der Ringe*. Stuttgart: Klett-Cotta, 1987.

Wei, Wei Wu: *Die einfache Erkenntnis*. Freiburg i. Br.: Lüchow, 1999.

Zhuangzi: *Das Buch der daoistischen Weisheit*. Ditzingen: Reclam, 2019.

Themenbezogene Webseiten:

http://www.shaolin.com

https://yuenmethod.com/

https://www.shaolin-yuntai.com/de/

http://www.philolex.de/china.htm

http://www.feng-shui.de

http://www.kampfsport-online.com/China/Shaolin/shaolin.htm

http://www.shaolintempleuk.org

http://www.das-klassische-china.de/Tao/Titelseite/index.htm

Fan- und Infoseiten zu David Carradine und »Kung Fu«:

http://www.imdb.com/title/tt0068093/

http://www.imdb.com/title/tt0103460/

http://www.thelegendcontinues.net

Interviews:

https://www.youtube.com/watch?v=o69G1zEF9Pc

https://ew.com/article/2009/06/16/david-carradine-a-never-before-published-interview/

https://vocal.media/geeks/bound-for-glory-s-david-carradine-interview

http://parallax-view.org/2009/06/04/interview-david-carradine/

https://www.latimes.com/archives/la-xpm-1993-07-07-ca-10786-story.html

https://www.nj.com/entertainment/tv/2009/06/david_carradine_our_interview.html

David Carradine mit der Originalausgabe von
Spirit of Shaolin.
Hamburg, Dezember 2004.
Foto © Jano Rohleder.

David Carradine signiert Kill-Bill-DVD-Boxen.
Münster, April 2005.
Foto © Jano Rohleder.